じょうぶに育つ簡単レシピ

奥薗壽子の
（おく　ぞの　とし　こ）
子どもの
ごはん

children's
cooking
recipes

金の星社

children's cooking recipes

手を抜いても愛情は抜かない家庭料理の基本です———奥薗壽子

たっぷり手間と時間をかけたからといって、愛情たっぷりの料理になるわけではないし、手を抜いたからといって、愛情が足りないわけでもないと、私は思うのです。毎日必死になって手の込んだ料理を作るより、上手に手を抜きつつ、ニコニコしながら家族のためにごはんを作り続けることが、家庭料理にはいちばん大切なことではないでしょうか。
それがたいしたごちそうでなくても、みんなで一緒に楽しく食べられたら、それはこの上なくおいしい料理になるはずです。

CONTENTS

PART 1 children's cooking recipes

ごはん・めん類の アイデアいっぱい簡単料理

- 8 **やっぱり、ごはんが基本 しっかり食べたい！**
  - ○切り干し大根とじゃこのすっきり寿司
- 10 ○カリカリ油揚げのおかかチャーハン
- 11 ○パラリにら玉チャーハン
- 12 ○ふんわりひき肉の親子丼
- 13 ○ほくほくかぼちゃのリゾット　○ヘルシーひじき粥
- 14 **素朴さと新鮮さのドッキング 雑穀っておいしい！**
  - ○もちもちころころ あわもち団子
- 16 **ごはんをおいしくする　手作りのふりかけ**
  - （なまり節のそぼろ・おからのふりかけ・わかめのふりかけ）
  - （納豆昆布とじゃこのふりかけ・鮭のふりかけ・ひじきのふりかけ）
- 18 **ほんとに簡単！　だけど本格的な だしの味がたまらないお味噌汁**
  - （煮干しだしのお味噌汁・かつおだしのお味噌汁）
- 20 **具たっぷりめんなら 野菜もたっぷり**
  - ○ツナマヨサラダ風そうめん
- 22 ○ほうとう風味噌煮込みうどん
- 23 ○アツアツ肉あんかけうどん
- 24 **あっ、ごはんがない！　そんなときは、すいとん**
  - ○しこしこじゃがいもすいとん
- 26 **たまにはパスタ 大人も子どもも大好き！**
  - ○シーフードのトマトスパゲティ
- 28 ○キャベツのシンプルパスタ
- 29 ○なすとしめじの和風スパゲティ
- 30 **パスタの日の　簡単カップスープ**
  - （コンソメ・ポタージュ）
- 32 奥薗流 子どものごはん——料理にかける時間は短く、子どもと食べる時間を長く！

PART 2

children's cooking recipes

肉・魚の
アイデアいっぱい簡単料理

- 34 **また作ってね！ リクエストの多い肉料理**
  - ○おふ入り肉団子の筑前煮風
- 36 ○野菜たっぷり、ヘルシーミートソース
- 37 ○ボリュームオムライス
- 38 ○薄切り肉のとろりチーズ入りソテー
- 40 ○豚肉となすのふんわり卵とじ
- 41 ○スピードハヤシライス
- 42 ○鶏手羽中のカリカリ焼き
- 43 ○パリパリ皮のチキンソテー
- 44 **魚嫌いを攻略する 4ステップの魚料理**
  - STEP1 「さく」を使って
  - ○なまり節のしょうゆ混ぜごはん
- 45 ○チーズたっぷりなまり節のピザ風
- 46 STEP2 小魚・乾物で
  - ○わかさぎのさくさく揚げ
- 47 ○おやつ風小魚のお焼き
- 48 STEP3 切り身で
  - ○ぶりの照り焼きバター風味
- 49 ○鮭のちゃんちゃん焼き
- 50 STEP4 青背魚で
  - ○あじのカリカリパン粉焼き
- 51 ○いわしのつくね焼き
- 52 **お弁当にぴったり 肉のおかず**
  - （鶏のから揚げとアレンジ2種・ハンバーグとアレンジ2種）
- 54 **お弁当にぴったり 魚のおかず**
  - （鮭のオーブントースター焼き2種・お刺身まぐろのお弁当2種）
- 56 **お弁当にぴったり 卵のおかず**
  - （卵焼きお手軽2種・卵料理お手軽2種）
- 58 奥薗流 子どものごはん——失敗してきてわかった子どもの気持ち

PART 3 children's cooking recipes

野菜嫌いをなくす
アイデアいっぱい簡単料理

- 60 **野菜嫌い攻略法1　緑の野菜（葉物）はあったかく食べる**
  - ○小松菜と油揚げの煮びたし
- 61 ○ほうれん草のチーズ焼き　○チンゲン菜のクリーム煮
- 62 **野菜嫌い攻略法2　においの強い、かたい野菜をおいしく食べる**
  - ○れんこんのマヨネーズ和え
- 63 ○ピーマンのおひたし　○ごぼうのきんぴら
- 64 **野菜嫌い攻略法3　にんじん嫌いをふっとばせ**
  - ○にんじんサラダ　○にんじんの手巻きサラダ
- 66 ○にんじんのかき揚げ　○にんじんと大根のおかかしょうゆ煮
- 68 **ワンパターン脱出・いつもの野菜**
  - ■いも　○じゃがいもとトマトの重ね煮　○さつまいものそぼろ煮
- 70 ■キャベツ　○キャベツのホットドッグ　○お好みキャベツ
- 72 ■なす　○なすとじゃこの炒め煮　○マーボーなす
- 74 ■トマト　○トマトとえのきのすまし汁
  - ○トマトとわかめの中華風サラダ
- 76 ■きゅうり　○きゅうりと牛肉の甘辛炒め
  - ○たたききゅうりのバンバン漬け
- 78 **ある野菜、なんでも使ってスープを作ろう！**
  - ○ありあわせ野菜のミネストローネ　○手羽元と残り野菜のポトフ
- 80 **ある野菜、なんでも使って炒め物を作ろう！**
  - ○具だくさんのチンジャオロースー　○ありあわせ野菜のチャンプルー
- 82 **お弁当にぴったり　野菜のおかず**
  - （赤いおかず）にんじんのごま味噌炒め・にんじんのおかかきんぴら
- 83 （黄色のおかず）じゃがいものカレーきんぴら・かぼちゃの即席甘煮
- 84 （緑のおかず）じゃこピーマン・ブロッコリーのチーズのせ
- 85 （茶色のおかず）しめじのおかかソテー・干ししいたけのスピード甘辛煮
- 86 **乾物を使って　新・おふくろの味**
  - ■ひじき　○ひじきの白和えサラダ　○ひじきのサラダ風煮物
- 88 ■切り干し大根　○切り干し大根の甘酢漬け　○切り干し大根の卵焼き
- 90 ■かんぴょう　○かんぴょうの即席漬け
  - ○かんぴょうとベーコンのきんぴら風
- 92 ■おふ　○おふのピザ　○おふのあべかわもち
- 94 奥薗流 子どものごはん──子どもに伝えたい、本当に"おいしいもの"私流、3つのこだわり

children's cooking recipes

PART 1

ごはん・めん類の
アイデアいっぱい簡単料理

やっぱり、ごはんが基本 しっかり食べたい!

ごはんとおかずとお味噌汁。基本となる食事の形は、毎日の食事の中できちんと伝えていきたいもの。けれどときには、ごはんとおかずが一緒になった丼物や混ぜごはんも、うれしいですね。小食の子や、食べるのが遅い子には、特におすすめですよ。

切り干し大根とじゃこのすっきり寿司

切り干し大根は水で戻したりせずに、さっと洗うだけというのがポイント。切り干し大根の甘さだけのすっきり味のノンシュガーお寿司です。

材料 [4人分]
ごはん……茶わん4杯分
切り干し大根……40g
ちりめんじゃこ……30〜50g
A ┌ 酢……大さじ4
  └ しょうゆ……大さじ1/2
きゅうり……2本
青じそ……10枚
白ごま……適宜
レモン……適宜

作り方
1 切り干し大根はさっと洗ってはさみで1cmほどに切り、ちりめんじゃことともに、Aに漬けておく。
2 きゅうりは薄くスライスして塩もみする。
3 ごはんに**1**を漬け汁ごと混ぜ、きゅうりとごま、せん切りにした青じそも加える。
4 器に盛って、好みでレモンをしぼって食べる。

包丁で切るよりも、キッチンばさみを使ったほうがラク。切ったあとはそのまま漬け汁に漬ける、簡単調理。

Point*
甘味やうま味が凝縮した切り干し大根だから、水で戻すなんてもったいない! 煮物にするときも、切ってだし汁で煮るだけ。ぜひ一度お試しください。そのおいしさにびっくりしますよ。

Part 1

カリカリ油揚げのおかかチャーハン

いちばんのポイントは、もやしを炒めるときに、もやしに味をつけないこと。あとからポン酢しょうゆをかけることで、もやしが失敗なくシャキシャキに仕上がるはずです。

材料［4人分］
ごはん……茶わん4杯分
油揚げ……1枚
もやし……1袋
ごま油……大さじ1
かつお節……ひとつかみ
ポン酢しょうゆ……適宜
青ねぎ……適宜

作り方
1 冷たいごはんは、あらかじめ温めておく。
2 フライパンにごま油を熱し、細切りにした油揚げをこんがりと焦げ目がつくらい炒める。
3 2にもやしを入れてさっと炒めたら、かつお節、ごはんの順に入れ、さらに炒める。
4 最後にポン酢しょうゆを回しかけ、小口切りにした青ねぎを散らす。

Point*
しその葉を刻んで加えてもおいしいですよ。

パラリにら玉チャーハン

卵が半熟状にかたまったところに、ごはんを入れるのがコツ。ごはん粒に卵がからまって、ひと粒ひと粒がパラリとおいしく仕上がります。にらを入れたら、火を止めて余熱で火を通すくらいがおいしいですね。

材料[4人分]
ごはん……茶わん4杯分
卵……2個
にら……2把
ごま油……大さじ1
しょうゆ……適宜

作り方
1 冷たいごはんは、あらかじめ温めておく。
2 フライパンにごま油を熱し、卵を割り入れて炒める。
3 卵が半熟のスクランブル状になったら、ごはんを入れて炒める。
4 ごはんと卵がパラリとなったら、1〜2cm長さに切ったにらを入れ、しんなりしたところでしょうゆを回しかける。

ふんわりひき肉の親子丼

鶏のひき肉でつくる親子丼は、口あたりも優しく、子どもたちの人気メニューになること間違いなし。生のひき肉に調味料を混ぜてから火にかけると、ふっくらやわらかく仕上がります。

材料［4人分］

- ごはん……茶わん4杯分
- A
  - 鶏ひき肉……200g
  - しょうゆ……大さじ4
  - みりん……大さじ4
  - 水……1カップ
- 玉ねぎ……1個
- 卵……3〜4個
- 青ねぎ……適宜

作り方

1. Aをフライパンに入れ、よく混ぜてから火にかける。
2. ひき肉に火が通り、ぽろぽろしてきたら、薄切りにした玉ねぎを加えて弱火で煮る。
3. 玉ねぎがやわらかくなったら、溶き卵を回し入れる。
4. 卵が好みのかたさになったら、火を止めてごはんにかけ、小口切りにした青ねぎを散らす。

Point*

玉ねぎが嫌いでも、おいしい汁をすった薄切りの玉ねぎなら、抵抗がないようです。

ほくほくかぼちゃのリゾット

材料［4人分］
ごはん……茶わん軽く4杯分
かぼちゃ……200g
ベーコン……2枚　　玉ねぎ……1個
牛乳……3カップ　バター……大さじ1
塩……少々　　溶けるチーズ……適宜

作り方
1 鍋にバターを入れて火にかけ、細切りにしたベーコンと、玉ねぎのみじん切りを炒める。
2 玉ねぎがしんなりしたら、いちょう切りにしたかぼちゃを入れてさっと炒め、牛乳とごはんを入れて弱火でことこと煮る。
※ふたをするとふきこぼれるので、ふたはしないこと。
3 仕上げに塩少々を入れ、最後に溶けるチーズをかける。

point
えびやハムを入れてもおいしいですよ。

かぼちゃのほのかな甘味がおいしい一品。残ったリゾットは、オーブントースターで焼けば、かぼちゃのドリアに早変わり。えびやハム、ツナ缶などを入れれば、さらにボリュームアップ。

ヘルシーひじき粥

材料［4人分］
ごはん……茶わん2杯分強
水……3カップ
芽ひじき……2つまみ
梅干し……1個
ちりめんじゃこ……50g
三つ葉……適宜
塩……適宜

作り方
1 鍋に水とごはんと乾いたままのひじき、種を除いてたたいた梅干しを入れて、火にかける。
2 ごはんがふっくらと煮えてきたら、ちりめんじゃこを入れ、塩で味を調える。
3 器に盛って、三つ葉を散らす。

乾いたひじきをそのままパラパラッと入れて火にかけるだけの、とってもお手軽でヘルシーなお粥。ちりめんじゃこのかわりに、ひと口大に切った鶏のささ身もよく合います。

素朴さと新鮮さのドッキング
雑穀っておいしい！

プチプチした食感の雑穀は、子どもにとっては未知なる食べ物のひとつ。白米に加えて、ふつうのごはんの要領で炊くだけなので、気軽に作れます。もちあわやもちきびなどの雑穀を入れると、ふつうのお米がもちもちした食感になるので、子どもたちもきっと気に入りますよ。

もちもちころころ あわもち団子

もちあわとごはんを一緒に炊き込むと、おもちのようなもちもちとした炊き上がりになります。あんこをつけておはぎにしたり、ちょっと焼いてあべかわもち風にしてみてもおいしいですよ。

材料[4人分]
米……1カップ
もちあわ……1カップ
水……2カップ弱
A ┌ きな粉……適宜
  │ 砂糖……適宜
  └ 塩……少々
B ┌ 味噌……大さじ2
  │ はちみつ……大さじ2
  └ 白ごま……少々

作り方
1 米ともちあわは混ぜて一緒に洗い、1時間以上水に浸しておく。
2 一度水を切り、分量の水を加えてふつうに炊く。
3 炊き上がったら、めん棒でついてもち状にする。
4 ぬらした手で丸め、好みで混ぜ合わせたAをかけるか、Bを合わせた味噌だれをのせる。

✐oint*
時間がないときは、丸めずに小さな器に入れ、きな粉をかけて食べてもいいですね。

つぶつぶが少し残っているくらいでOK。

お子さんと一緒に丸めれば、粘土遊びのようで楽しい作業です。

Part 1

ごはんをおいしくする
手作りのふりかけ

子どもたちの大好きなふりかけも、手作りすれば、立派なおかずの一品になります。何より添加物が入っていないので安心ですよね。また、ふだんの食事ではなかなか食べにくい魚や海藻類が食べられるのもうれしいところです。お弁当にも大活躍間違いなし。

しみじみおいしいお魚味のふりかけ
なまり節のそぼろ
＜材料＞
なまり節……3切れ
しょうゆ、みりん……各大さじ3
＜作り方＞
なまり節はさっとゆでてから身をほぐし、しょうゆ、みりんとともに鍋に入れて、汁気がなくなるまで煮つめる。

じっくりしょうゆをすわせて作る
おからのふりかけ
＜材料＞
おから……100g　　かつお節、白ごま……各適宜
しょうゆ……大さじ3〜4
＜作り方＞
1 フライパンにかつお節を入れて、から煎りし、一度取り出して粉状にもんでおく。
2 あいたフライパンにおからを入れて、から煎りし、パラパラになったらしょうゆを少しずつ加えて味をつける。
3 最後に1のかつお節とごまを加える。

Point*
冷蔵庫に入れておけば、1週間ほどは日もちします。それ以上は冷凍保存に。

Part 1

アツアツごはんに混ぜ込めば、わかめごはんのできあがり!
わかめのふりかけ

<材料>
カットわかめ(乾燥)……適宜　　白ごま……適宜

<作り方>
1 カットわかめをフライパンに入れ、パリパリしてくるまで、から煎りする。
2 フライパンの中でめん棒でつき、細かくつぶし、ごまを加える。

point
あら熱がとれてからビニール袋に入れ、上からたたいてつぶしてもよい。

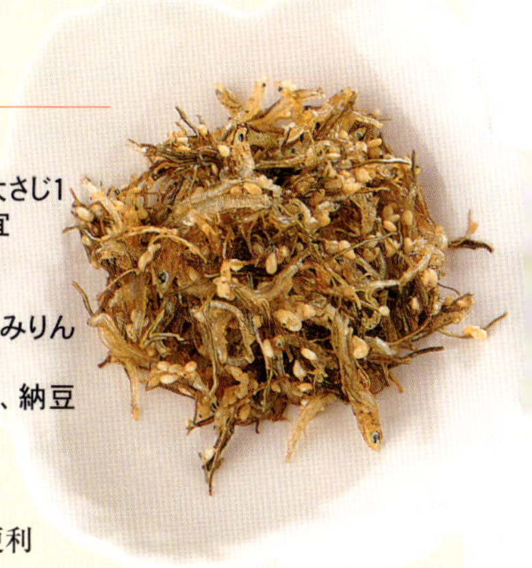

糸をひく納豆昆布を使って
納豆昆布とじゃこのふりかけ

<材料>
ちりめんじゃこ……30g　　しょうゆ……大さじ1
みりん……大さじ1　　納豆昆布……適宜
白ごま……大さじ2

<作り方>
1 フライパンにちりめんじゃことしょうゆ、みりんを入れて火にかける。
2 調味料がちりめんじゃこにからんだら、納豆昆布とごまを混ぜてできあがり。

お茶漬け、チャーハン、おにぎりといろいろ便利
鮭のふりかけ

<材料>
塩鮭または鮭のアラ……適宜

<作り方>
1 鮭はグリルでこんがりと焼いて、身をほぐす。
2 1をビニール袋に入れ、めん棒でたたいて身を細かくする。

point
これをもう一度フライパンでから煎りすれば、さらに細かいふりかけができます。

フライパンひとつでできるお手軽ふりかけ
ひじきのふりかけ

<材料>
芽ひじき……4つまみ　　ちりめんじゃこ……40g　　水……1カップ
しょうゆ……大さじ1〜2　　白ごま……大さじ1〜2

<作り方>
1 フライパンに芽ひじきと水を入れて火にかけ、沸騰したら火を止めてそのまま5分おく。
2 フライパンのふたなどでひじきを押さえながら、余分な水気を切る。
3 しょうゆを加えて再び火にかけ、水気がなくなったらちりめんじゃことごまを混ぜる。全体に火が通ったらできあがり。

point
冷蔵庫で1週間は日もちします。なかなか料理しにくいひじきですが、これなら気軽に食卓に出せますね。

ほんとに簡単！ だけど本格的なだしの味がたまらないお味噌汁

お味噌汁とごはん、すべての食事の基本だからこそ、本物の味を子どもたちに伝えたいですね。でも毎日のこととなるとやっぱりラクチンがいちばん。無理せず、だしのおいしさがきちんと伝わる奥薗流をご紹介します。

煮干しだしのお味噌汁（さつまいもと玉ねぎ）

煮干しは小さいものなら、頭も腹わたも取らなくて大丈夫。かつお節よりもだしが出にくいので、事前にちょっと水につけておいたほうがおいしいですよ。

<材料>［4人分］
さつまいも……小1本
玉ねぎ……1個
煮干し……5〜6匹
水 ……3カップ
味噌……大さじ3〜4

<作り方>
1 分量の水を鍋に入れ、煮干しをあらかじめ、30分以上つけておく。
2 鍋を弱火にかけ、沸騰したらさらに弱火にして1〜2分煮出す。
3 玉ねぎと皮つきのままのさつまいもを食べやすく切って加え、やわらかくなるまで煮て、最後に味噌を溶き入れる。

Point*
お湯は強火でぐらぐら煮立てないこと。一度ふつふつしてきたら、ふたをして火を止めても大丈夫。余熱で火が通ります。

大きい煮干しなら、頭と腹わたを取って、縦ふたつに裂いて使う。小さければ、そのまま入れる。どちらも具材として食べられる。

Part 1

かつおだしのお味噌汁（豆腐とわかめ）

かつおだしをとるめんどうくささは、こす作業にあります。これはこさないで作る本格かつおだしです。かつお節をあらかじめ細かくしておいたり、昆布を細く切って入れたりすると、すべて食べてしまえるので、健康にもいいですよ。かつお節はいちばん最後に入れて、煮立てないのがポイントです。

＜材料＞[4人分]
豆腐……1丁
カットわかめ（乾燥）……2つまみ
水……3カップ
昆布（1cm×5cm）……1枚
味噌……大さじ3〜4
かつお節……ひとつかみ

＜作り方＞
1 鍋に水を入れ、その中にキッチンばさみで昆布を細く切りながら入れる。
2 沸騰したらカットわかめを直接入れ、味噌を溶き入れる。
3 豆腐を食べやすく切って加え、再びふつふつしてきたら、粉状にしたかつお節を入れて、火を止める。

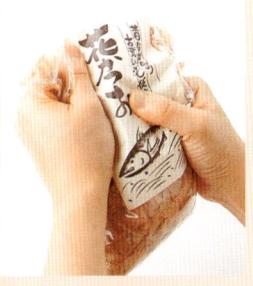

かつお節は、市販の花かつおの袋に小さい穴を2カ所あけて、袋ごともんで細かい粉状にする。入れるタイミングは、いちばん最後。

具たっぷりめんなら野菜もたっぷり

うどんやそうめんは、ついついめんばかり食べてしまいがち。でも、めんと一緒に野菜をゆでたり、肉味噌を作りおきしておいたりするだけで、あっという間にバランスよい料理ができます。こんなふうにめんと一緒なら、野菜嫌いな子どもたちも、知らず知らずにたっぷり食べられるのでは？

ツナマヨサラダ風そうめん

そうめんと一緒に、野菜もゆでてしまうところがミソです。マヨネーズとしょうゆの混じった味もおいしく、子どもたちはあっという間にたいらげてしまいます。

材料[4人分]
そうめん……5〜6把
にんじん……1本
えのき……1袋
きゅうり、トマト、レタスなど……あれば適宜
ツナ缶……1缶
マヨネーズ……大さじ2
めんつゆ……適宜

作り方
1 大鍋にたっぷりの湯を沸かし、そうめんをゆでる。このとき一緒に、せん切りにしたにんじんと、根元を落として食べやすく分けたえのきもゆでてしまう。
2 ゆで上がったそうめんは、水で洗って水気を切り、器に盛る。
3 ありあわせの野菜をトッピングし、ツナとマヨネーズを混ぜたものをのせる。
4 食べるときに、好みでめんつゆを4〜5倍に薄めてかける。

Point*
にんじんはスライサーで細切りにすれば、時間も手間もかかりません。

野菜はせん切りにしてあるので、そうめんがゆで上がる短い時間でも、ちょうどいい具合にゆで上がります。ひとつの鍋でやってしまえば、洗い物もラクラク！

Part 1

手作りめんつゆ

材料[4人分]
みりん……1カップ
昆布（1cm×10cm）……1枚
しょうゆ……1カップ
かつお節……ひとつかみ

作り方

1 みりんを鍋に入れて火にかけ、しばらく沸騰させてアルコールをとばす（このとき火が入ることがあるので要注意）。

2 昆布の細切りとしょうゆを加えて、そのまま加熱し続け、再び沸騰したらかつお節を入れて火を止める。

3 かつお節と昆布が沈んだらできあがり。

ほうとう風味噌煮込みうどん

山梨の郷土料理のほうとうは、きしめんタイプの太めのめんをゆでずに直接汁に入れて煮るのが特徴です。煮汁がちょっとどろりとしますが、それがまたおいしいのです。ほうとうにかぼちゃは欠かせませんね。

材料[4人分]
きしめんタイプのゆでうどん……2玉
豚薄切り肉……200g
かぼちゃ……1/4個
大根……200g
にんじん……1本
油揚げ……1枚
水……6カップ
昆布(1cm×5cm)……1枚
味噌……大さじ3〜4
青ねぎ……適宜

作り方
1 大根とにんじんはいちょう切り、油揚げは短冊切り、かぼちゃは2cm厚さのいちょう切りにする。豚肉はひと口大に切る。
2 土鍋に水を入れ、昆布を細く切りながら入れる。大根、にんじんを加えて火にかける。
3 沸騰したら、豚肉、油揚げ、かぼちゃを入れて煮る。
4 野菜がやわらかくなったら味噌を溶き入れ、うどんも直接入れて煮込む。
5 うどんに味がしみ込めばできあがり。器に盛って、小口切りにした青ねぎを散らす。

Part 1

アツアツ肉あんかけうどん

マーボー豆腐のようなあんがかかっためん。好みで豆腐やなす、にら、ねぎなどの野菜を加えてもいいですね。このままごはんにかけてもおいしいです。大人用には、少しピリ辛にするのもおすすめ。

材料[4人分]
うどん……4玉
豚ひき肉……200g
長ねぎ……1本
にんにく……1かけ
干ししいたけ……2枚
にら……1把
ごま油……大さじ1
水……4カップ
しょうゆ……大さじ2
オイスターソース……大さじ2
塩……適宜
水溶き片栗粉……適宜

作り方
1 フライパンにごま油を入れ、みじん切りにした長ねぎとにんにくを炒める。香りが出てきたら、ひき肉を入れる。
2 ひき肉の色が変わったら、水を入れ、干ししいたけ(かさの部分のみ)を手で砕き入れる。
3 干ししいたけがやわらかくなるまで2〜3分煮て、しょうゆ、オイスターソース、塩で味を調える。
4 好みで、水溶き片栗粉でとろみをつけ、最後に1〜2cm長さに切ったにらを混ぜる。
5 別鍋でゆでるか、温めておいたうどんを器に盛り、上から**4**をかける。

Point*
ピリ辛味にするには、長ねぎ、しょうがと一緒に豆板醤小さじ½を加えて炒める。

あっ、ごはんがない！
そんなときは、すいとん

あっ、ごはんがない！ というときにおすすめなのがすいとん。本来は小麦粉を水で溶いて作るのですが、水のかわりに野菜で練ると、それだけで栄養バランスがよくなりますね。汁の味つけは、和洋中なんでもよく、ありあわせの野菜やお肉を入れてもおいしくできるのがうれしいところです。

しこしこじゃがいもすいとん

じゃがいものすりおろしで小麦粉を練ると、しこしこおいしいお団子に。じゃがいものお団子は、もともとイタリアのお料理なので、トマトソースや粉チーズで食べてもおいしいですよ。

材料[4人分]
- 小麦粉……1カップ（約100g）
- じゃがいも……1〜2個
- 油揚げ……1枚
- 水……4カップ
- 昆布（1cm×10cm）……1枚
- 干ししいたけ……2枚
- しょうゆ、塩、酒……各適宜
- 青ねぎ……適宜

作り方
1 鍋に水4カップ、細切りの昆布、手で砕いた干ししいたけ（かさの部分のみ）を入れて煮る。
2 小麦粉に、じゃがいものすりおろしと分量外の水を加えてこねる。
3 煮立った**1**の中に、**2**のすいとんの生地をスプーンですくって落とす。
4 短冊に切った油揚げを入れて、しょうゆ、塩、酒で味を調え、最後に青ねぎを散らす。

point*
すいとんは、スプーンですくって落とせるくらいのゆるさに加減して混ぜましょう。

じゃがいもは皮つきのまま、おろします。

混ぜながら、かたさを見て、水加減します。

Part 1

たまにはパスタ
大人も子どもも大好き！

子どもたちが大好きなスパゲティ。市販のソースもいろいろ出回っていますが、新鮮な野菜がたっぷり入ったパスタは、手作りならではのもの。いつものケチャップ味もいいけれど、塩やしょうゆであっさり仕上げれば、野菜のおいしさがぐんと引き立つので、野菜嫌いもにっこり間違いなし。

シーフードのトマトスパゲティ

スパゲティをゆでている間にできあがってしまう簡単トマトソース。その秘密はトマトのすりおろし。シーフードは必ず最後に入れ、火を通しすぎないのがおいしく作るコツです。

材料［4人分］
スパゲティ……300g
塩……適宜
トマト……3～4個
玉ねぎ……1個
冷凍シーフードミックス……1袋
にんにく……1かけ
オリーブオイル……大さじ1
しょうゆ……大さじ1
塩……小さじ1/2
溶けるチーズ……適宜

作り方
1 鍋にオリーブオイルと薄切りにしたにんにくを入れて火にかけ、スライスした玉ねぎを炒める。
2 1の上にトマトをすりおろし、ふたをして蒸し煮にし、野菜が煮えはじめたら凍ったままのシーフードミックスを入れて、さらに蒸し煮する。
3 シーフードに火が通ったら、しょうゆと塩で味を調え、溶けるチーズをかける。
4 塩を加えた熱湯でゆでたスパゲティに、3をかける。

トマトはおろし器ですりおろしますが、私は受け皿は使わず、フライパンの上で直接おろします。洗い物を多くしないこと、手早くやることが身についてくると、料理がおっくうになりません。

キャベツのシンプルパスタ

スパゲティとキャベツを一緒にゆでてしまうから、手間いらずで野菜たっぷりのスパゲティが完成します。キャベツのほかに、にんじんやブロッコリーなどでも同じように作れます。

材料［4人分］
スパゲティ……300g
塩……適宜
キャベツ……1/4個
粉チーズ……大さじ4
バター……大さじ4
塩、こしょう……各適宜

作り方
1 大鍋にたっぷりの湯を沸かし、塩を加えてスパゲティをゆでる。
2 ゆで上がる直前に、ざく切りにしたキャベツを入れて一緒にゆでる。
3 水気を切ったスパゲティに、バターと粉チーズをからめる。塩、こしょうで味を調える。

Point*
キャベツは手でちぎってもいいですよ。

なすとしめじの和風スパゲティ

ときには和風味のスパゲティもいいものです。なすとしめじはさっと炒めてから、ふたをして蒸し焼きにすれば、大量の油を使わないですみ、あっさり味に仕上げることができます。

材料[4人分]
- スパゲティ……300g
- 塩……適宜
- なす……2本
- しめじ……1パック
- 青じそ……10枚
- バター……大さじ1
- しょうゆ……適宜

作り方
1 大鍋にたっぷりの湯を沸かし、塩を加えてスパゲティをゆでる。
2 なすは縦に切ってから斜め切りにし、塩水（分量外）に放してアクを抜く。
3 フライパンにバターを溶かし、なすと、根元を落として食べやすく分けたしめじをさっと炒め、ふたをして蒸し焼きにする。
4 野菜に火が通ったら、しょうゆで味を調え、ゆでたてのスパゲティと合わせてからめる。
5 仕上げにせん切りの青じそを散らす。

パスタの日の簡単カップスープ

洋風のスープはついインスタントのものを使いがちですが、冷凍庫にベーコンや鶏皮、豚バラの薄切り肉などを常備しておけば、とびきりおいしいスープが簡単にできます。くるくる巻いて冷凍しておけば、凍ったまま切って使えるのでとっても便利です。

コンソメ（野菜）

鶏皮だけで作る洋風スープ。鶏皮がカリカリになるまでじっくり炒めることがおいしく作るポイントです。

＜材料＞[4人分]
鶏皮 ……鶏肉1枚分
玉ねぎ ……½個
にんじん……小1本
えのき……1袋
水……4カップ
昆布（1cm×5cm）……1枚
塩、しょうゆ ……各適宜

＜作り方＞
1 鶏皮は細く切り、油をひいてない鍋で中火で炒める。
2 鶏皮から出た脂で、鶏皮がカリカリになるまで炒めたら（**a**）、薄切りの玉ねぎ、せん切りにしたにんじんを入れて炒める。
3 水と昆布を入れて（**b**）少し煮たら最後にえのきを入れ、塩、しょうゆで味を調える。

Point*
ボリュームがほしいときは、溶き卵を入れるといいですよ。

ポタージュ（かぼちゃ）

野菜を蒸しゆでにすれば、泡立て器やフォークで簡単につぶせるので、ミキサーなしでおいしいスープができますよ。片栗粉のとろみはのどごしがいいので、小さい子どもたちにも飲みやすいと思います。

<材料>［4人分］

かぼちゃ……1/4個　　玉ねぎ……1個　　バター……大さじ2
ベーコン……2〜3枚　　水……大さじ2〜3
昆布（1cm×5cm）……1枚　　牛乳……3カップ
水溶き片栗粉……適宜　　塩、こしょう、しょうゆなど……各適宜

<作り方>

1 厚手の鍋にバターを溶かして、細切りにしたベーコンを炒め（**a**）、薄切りの玉ねぎ、薄めのいちょう切りにしたかぼちゃを加えてさっと炒める。

2 1に水と昆布を入れて（**b**）しっかりとふたをし、ごく弱火にして蒸し焼きにする。焦げそうだったら水を足す。

3 かぼちゃがやわらかくなったら（弱火にしてから5分くらいが目安）、めん棒でつぶし（**c**）、牛乳を加える。

4 調味料で味を調える。好みで、水溶き片栗粉でとろみをつける。

OKUZONO'S STYLE

奥薗流 子どものごはん

料理にかける時間は短く、子どもと食べる時間を長く！

1 鍋はひとつで

家庭料理の基本は、使う道具を限りなく少なくすることだと思っています。料理のあとの洗い物が少ないと、それだけでなんだか気持ちが軽やかになりませんか？

ふたつきで、ちょっと厚手の鍋がひとつあれば、手早く煮物やスープを作ることができます。フライパンもふたをひとつ持っていると、鍋がわりに使えて便利ですよ。

2 野菜の皮はむかないで

私は、基本的に野菜の皮はむきません。最近の野菜は昔の野菜と違って、においや味が薄くなっていると同時に、アクやエグミもなくなってきたと思うからです。

ちょっとかためのタワシでこすれば、薄皮1枚くらいは、めくれてしまいますし、ゴミが少ないと気分も軽やかですよ。皮つき野菜をおいしく食べるコツは、強火でぐらぐら長時間煮立てないことです。

3 スライサー、はさみを使って

もちろん包丁で切ってもいいのですが、スライサーやはさみも使い方によっては、とっても便利です。大根おろしをおろすみたいに、せん切りやみじん切りができていくのを見るとうれしくなります。

また、こうやって作ったせん切りは、繊維が断ち切れているので、包丁で切ったものよりもやわらかくて食べやすいのです。上手に使うといいですね。

children's cooking recipes

PART 2

肉・魚の
アイデアいっぱい簡単料理

また作ってね！リクエストの多い肉料理

子どもたちが大好きな肉料理。でも、できれば野菜もたっぷり食べてもらいたいもの。それも野菜を全部細かく切ってわからないように肉に混ぜてしまうのではなく、「お肉もお野菜も両方おいしいね」と思って食べてほしいと思います。

おふ入り肉団子の筑前煮風

おふを入れることで冷めてもやわらかい肉団子が作れます。油で揚げずにいきなり煮汁に入れていくから、手軽にできますよ。お弁当のおかずに重宝する一品です。

材料 [4人分]

A
- 豚ひき肉……200g
- ふ……40g
- 卵……2個
- 長ねぎ……適宜
- 水……大さじ2
- しょうが汁……1かけ分
- 片栗粉……大さじ1

B
- 水……2カップ
- 昆布（1cm×10cm）……1枚
- 干ししいたけ……2枚
- みりん……大さじ4
- しょうゆ……大さじ4

- れんこん……1節
- にんじん……1本
- 絹さや……適宜

作り方

1 ふは手で砕き、水を加えてしっとりさせ、長ねぎはみじん切りにして、Aの全材料をよく混ぜる。
2 干ししいたけ（かさの部分のみ）は手で砕き、Bを鍋に入れて火にかける。沸騰したら1を食べやすい大きさに丸めながら入れていく。
3 一度ふたをして煮て、肉団子に火が通ったら、いちょう切りにしたれんこんとにんじんを入れ、落としぶたをして10〜15分煮る。
4 野菜がやわらかくなったら、最後は火を強めて汁気をとばし、絹さやを入れ、ふたをして火を止める。
5 5分ほどそのままにして、絹さやに火が通ればできあがり。

つなぎに使うふは細かく砕いたほうが、口あたりがよくなります。

野菜たっぷり、ヘルシーミートソース

すりおろしたにんじんがひき肉そっくりの食感なので、知らず知らずにたっぷりの野菜が食べられます。野菜は、このほかに細かく切ったなすやきのこ、大豆の水煮などを入れてもOKです。

Part 2

材料[4人分]
牛ひき肉または合いびき肉
……300g
にんじん……1本
玉ねぎ……1個
トマト……1個
干ししいたけ……4枚
オリーブオイル……大さじ1/2
にんにく……1かけ
小麦粉……大さじ1〜2
塩、しょうゆ、こしょう……各適宜
みりん(またはケチャップ)
……適宜

作り方
1 厚手の鍋にオリーブオイルを入れて薄切りにしたにんにくを炒める。香りが出たら、みじん切りの玉ねぎとひき肉、すりおろしたにんじんを入れて炒め、小麦粉を加えてさらに炒める。
2 鍋の上でトマトをすりおろしながら加え、干ししいたけ(かさの部分のみ)も手で砕き入れる。
3 調味料で味を調えたら、できあがり。

Point
みりんやケチャップは、甘味がほしい場合にお好みで。

鍋の上で直接にんじんをすりおろします。おろし器を使うとにんじんの繊維が切れてやわらかくなります。

ミートソースを使って
ボリュームオムライス

ごはんのかわりに、ゆでてつぶしたじゃがいもを使ってもOK。サイコロに切ったプロセスチーズを入れてもおいしいですよ。プレーンオムレツも、ミートソースをかければ、ボリュームのある一品に。

材料[4人分]
ミートソース……適宜
ごはん……茶わん4杯分
バター……大さじ2
卵……4個
塩、こしょう……各適宜
ケチャップ……適宜

作り方
1 温かいごはんに、温めたミートソースを混ぜる。
2 卵1個を溶きほぐして塩、こしょうで味を調え、熱してバター大さじ1/2をひいたフライパンに流し入れる。
3 卵が半熟になったら、1のごはんの1/4量を入れ、ごはんを包むように卵を半分にペタンと折って、器に盛る。残りの3つも同様にして作る。
4 好みでケチャップをかけて食べる。

薄切り肉のとろりチーズ入りソテー

薄切り肉を重ねて作るので、口あたりがやわらかく食べやすい一品。チーズがとろりと溶け出したら、中まで火が通ったサインです。パン粉をつけてとんかつにするのもいいですよ。あまり肉が好きではない子どもにも食べやすいはずです。

材料[4人分]
- 豚肩ロース肉薄切り……300g
- スライスチーズ……3〜4枚
- 塩、こしょう、小麦粉……各適宜
- サラダ油……適宜
- ケチャップ……大さじ2〜3
- ウスターソース……大さじ2〜3
- ミニトマト、キャベツ……各適宜

作り方
1 肩ロース肉は、1枚ずつ広げて塩と小麦粉をぱらぱらとふる（大人用のものにはこしょうも）。
2 スライスチーズを適当な大きさにちぎりながら、肉、チーズ、肉、チーズ、肉、の順番に重ねる。
3 サラダ油をひいたフライパンで、**2**の両面をこんがりと焼いて、お皿に盛る。
4 フライパンに残った余分な油をふき、ケチャップとウスターソースを入れて煮立たせ、**3**にかける。
5 つけ合わせに、ミニトマトと軽く塩もみしたキャベツのせん切りを添える。

肉に小麦粉をふったら、肉とチーズを交互に重ねていきます。チーズは肉の大きさに合わせて、手で適当な大きさにちぎります。

塩を選ぶと肉料理はおいしくなりますよ

しょうゆを使わずにシンプルに塩味だけで味つけしたものも、子どもたちは大好きです。ただこのとき、ちょっと塩にこだわってみるのはどうでしょう？　真っ白でサラサラした精製塩ではなく、粗くてちょっとくすんだ色の粗塩タイプのもののほうが、ミネラル分をたっぷり含み、うま味もあり素材の味を引き立たせてくれます。子どもたちの繊細な舌は、きっと塩の違いに気づくはずですよ。

Part 2

豚肉となすのふんわり卵とじ

この卵とじは、なすのほかに、玉ねぎ、ごぼう、ねぎ、にんじん、厚揚げなどもよく合います。また豚薄切り肉は、ひき肉、鶏肉、うなぎなどに変えてもOKです。土鍋で作って鍋仕立てにして食べるのもおいしいですよ。

材料[4人分]
- 豚もも肉薄切り……200g
- しょうゆ……小さじ1
- 砂糖……小さじ1
- なす……4本
- 卵……3〜4個
- A
  - 水……1カップ
  - しょうゆ……大さじ2
  - みりん……大さじ1
  - 砂糖……大さじ1
- ごま油……大さじ1
- かつお節……ひとつまみ
- 三つ葉(または青ねぎ)……適宜

作り方
1 なすは縦半分に切ってから、1cm幅の斜め切りにして、塩水(分量外)につけてアクを抜く。
2 豚肉はひと口大に切り、しょうゆ、砂糖をよくもみ込む。
3 鍋にごま油を熱し、豚肉となすを炒めたらAを入れ、なすがくったりするまで煮る。
4 最後に手で細かくもんだかつお節を加えて、溶き卵を回し入れる。
5 卵が好みのかたさになったら火を止め、三つ葉または青ねぎを散らす。

Point*
ひとつまみのかつお節が、味を決めてくれます。ぜひ、お試しください。

スピードハヤシライス

市販のドミグラスソースを使わずに、あっという間にできてしまう、とってもうれしい一品です。隠し味の味噌がポイント。好みでみりんを加えて、甘味の調節をしてください。

材料 [4人分]
牛肉切り落とし……300g
塩、こしょう……各適宜
玉ねぎ……1個
トマト……4個
バター……大さじ1
小麦粉……大さじ2
味噌……大さじ1
中濃ソース……大さじ1
塩……少々
みりん……大さじ1〜2
ごはん……適宜

作り方
1 牛肉は食べやすい大きさに切って、塩、こしょうで下味をつけておく。
2 スライスした玉ねぎを、バターで茶色になるまで炒める。
3 玉ねぎが色づいたら、牛肉を入れて炒め、色が変わったら小麦粉を加えて炒める。
4 粉っぽいところがなくなったら、トマトをすりおろしながら入れる。
5 とろみがつくまで中火で煮つめ、調味料で味を調える。
6 ごはんにかけて、食べる。

Point*
スライスした玉ねぎをバターで炒めるとき、大さじ1の砂糖を加えると早く色づきます。

鶏手羽中のカリカリ焼き

お弁当用には、手羽中でなく鶏のもも肉を同様に漬け込んで、オーブンで焼くといいですよ。野菜はこのほかに、じゃがいも、なす、しいたけ、にんじん、玉ねぎなども合います。

材料[4人分]
鶏手羽中ハーフ(スペアリブ)＊
　　　　……300g
A [味噌……大さじ3
　　 はちみつ……大さじ3
　　 しょうが汁……1かけ分]
かぼちゃ、しめじ……各適宜

＊手羽先の先の部分を切り落とした手羽中を中央の骨のところで切り開いたもの。

作り方
1 鶏手羽中ハーフとAをビニール袋に入れて、上からもんだあと、1時間くらい漬け込む。
2 1の手羽中をオーブンシートを敷いた天板に並べる。
3 あいたビニール袋にかぼちゃとしめじを食べやすい大きさに切って入れ、残った味噌をからめたら、袋から出して同じく天板に並べる。
4 200℃に熱したオーブン、またはグリルで10〜12分焼く。

Point＊
途中で焦げてきたら、アルミホイルをかぶせます。野菜は先に取り出したほうがいいですよ。

パリパリ皮のチキンソテー

鶏を焼いたあとのフライパンで、きのこやキャベツなどをさっと炒めると、鶏のうま味たっぷりのおいしい野菜炒めができます。ソースのほうは、スパゲティにからめてもおいしいです。

材料[4人分]
鶏もも肉……2枚
塩、こしょう……各適宜
オリーブオイル……大さじ1
にんにく……1かけ
A ┌ トマト……1個
　├ 玉ねぎ……1/2個
　├ 塩、こしょう……適宜
　└ レモン汁……適宜（好みで）
サラダ菜……適宜

作り方
1 鶏もも肉は、2つに切って塩、こしょうをふる。
2 オリーブオイルを入れたフライパンでスライスしたにんにくをゆっくり炒め、きつね色になったら取り出す。
3 残った油で、鶏肉を皮のほうからじっくりと焼く。カリッと焼けたらひっくり返し、反対側も焼く。
4 サラダ菜を敷いたお皿に盛り、A（トマトは角切り、玉ねぎはみじん切り）を混ぜたソースをかける。

魚嫌いを攻略する4ステップの魚料理

魚嫌いの子どもには、ステップを踏んで、少しずつ魚のおいしさを伝えていくといいと思います。まずは骨がなくて食べやすいお刺身のような「さく」、ツナやなまり節もおすすめです。そして、小魚。次に、鮭のような骨のない切り身をへて、最終的にどんな魚でも食べられるようになるといいですね。

STEP 1 「さく」を使って
STEP 2 小魚・乾物で
STEP 3 切り身で
STEP 4 青背魚で

STEP 1 「さく」を使って

なまり節のしょうゆ混ぜごはん

うま味たっぷりのなまり節と野菜を甘辛味で煮て、ごはんに混ぜます。ちょっと懐かしい味のする一品。具のほうにお酢を混ぜれば、混ぜ寿司風の味わいにすることもできます。

材料[4人分]
A
- ごま油……小さじ1
- しょうが……1かけ
- にんじん……小1本
- 油揚げ……1枚
- なまり節……2～3切れ
- しょうゆ……大さじ2
- みりん……大さじ1～2
- 酒……大さじ2

ごはん……茶わん4杯分
絹さや(ゆでたもの)……適宜

Part 2

チーズたっぷりなまり節のピザ風

このピザ風は、そのまま食べてももちろんいいのですが、スパゲティにかけたり、ごはんにかけてもOK。フレッシュなトマトを使うと、本当においしいですよ。

材料[4人分]
なまり節……3切れ
しょうゆ、酒……各適宜
トマト……3〜4個(または水煮1缶)
干ししいたけ……3枚
玉ねぎ……1個
にんにく……1かけ
オリーブオイル……大さじ1/2
塩、こしょう、しょうゆ……各適宜
溶けるチーズ……適宜
パセリ……適宜

作り方
1 なまり節は食べやすいようにほぐし、しょうゆ、酒で下味をつけておく。にんにくと玉ねぎはみじん切りにしておく。
2 オリーブオイルでにんにくを炒め、香りが出たら玉ねぎを入れて炒める。
3 トマトのざく切りと、手で砕いた干ししいたけ(かさの部分のみ)を加えてさっと煮て、塩、こしょう、しょうゆで、味を調える。
4 3になまり節を混ぜ、溶けるチーズをのせてふたをして、チーズが溶けるまで蒸し煮にする。
5 パセリのみじん切りを散らす。

真空パックのなまり節がおすすめです。においが気になる人は熱湯をさっとかけて使ってください。

作り方
1 しょうがとにんじんはせん切り、油揚げは細切りにして、なまり節は手でほぐしておく。
2 Aの材料を上から順に炒め、調味料で味をつける。
3 アツアツのごはんに2を混ぜて、絹さやを散らす。

> STEP 2 小魚・乾物で

わかさぎのさくさく揚げ

頭からむしゃむしゃ食べられるわかさぎは、子どもたちにぜひ食べさせたいもの。ベーキングパウダーの入ったさくさく衣で揚げたら、衣の香ばしさに魚嫌いの子もついつい手が出るはず。

材料[4人分]
わかさぎ……200g
小麦粉……適宜
A｜小麦粉……1カップ
　｜ベーキングパウダー
　｜　　　　……小さじ1
　｜水……1カップ
サラダ油……適宜

作り方
1 わかさぎと小麦粉をビニール袋に入れてふり、わかさぎに軽く小麦粉をまぶしておく。
2 Aの衣をたっぷりとつけて、サラダ油で揚げる。

point*
ケチャップやマヨネーズを少しつけると、食べやすくなります。でも、本当は揚げたてに塩を少しふって食べるのがいちばんおいしい食べ方です。

Part 2

おやつ風小魚のお焼き

魚が嫌いな子には、まず釜揚げしらすのようなやわらかめのものからはじめて、徐々に乾燥したちりめんじゃこにしてあげるといいですよ。桜えびは、ひげがのどに引っかかって、案外食べにくいようです。

材料［4人分］
- ちりめんじゃこ……50g
- ごはん……茶わん2〜3杯分
- 小麦粉……大さじ2〜3
- 水……大さじ2〜3
- 青ねぎ……適宜
- ごま油……適宜
- しょうゆ……適宜

作り方
1. ごはんに水と小麦粉を混ぜて少しこね、ちりめんじゃこと、小口切りにした青ねぎを混ぜる。
2. ごま油をひいたフライパンに1を入れ、平たく焼く。
3. 最後にしょうゆを塗る、またはかける。

Point*
冷蔵庫から出したパラパラのごはんのときは、小麦粉と水を増量してください。朝ごはんにもgoodな一品です。

STEP 3 切り身で

ぶりの照り焼きバター風味

ぶりの切り身なら骨がないので、魚嫌いな子どもたちにも食べやすい魚ですね。バターを加えることでちょっと洋風になるのがミソ。甘い味が好きな場合は、みりんを砂糖かはちみつに変え、酒か水を大さじ2杯入れてください。

材料 [4人分]
- ぶり……4切れ
- 塩……少々
- 小麦粉……適宜
- サラダ油……大さじ1
- A [しょうゆ……大さじ2
      みりん……大さじ2]
- バター……大さじ1
- ししとう……適宜

作り方
1 ぶりは塩少々をふって5分ほどおき、キッチンペーパーで水気をふいてから小麦粉をまぶす。
2 フライパンにサラダ油をひいてぶりを入れ、両面をこんがりと焼く。
3 おいしそうな焼き色がついたら、フライパンの余分な油をキッチンペーパーでふき取る。
4 Aを一度に入れてぶりにからめ、最後に風味づけのバターを入れてからめる。
5 サラダ油で焼いたししとうを添える。

Part 2

鮭のちゃんちゃん焼き

野菜と一緒に蒸し焼きにするので、ひと手間でつけあわせまでできるのがうれしいですね。焼くより蒸したほうが、身がしっとりふっくら仕上がり、子どもたちも食べやすいと思います。

材料[4人分]
鮭（甘塩）……4切れ
キャベツ……1/4個
しめじ……1パック
バター……大さじ1
A ┌味噌……大さじ2
　│みりん……大さじ2
　│レモン汁……1/2個分
　└砂糖……少々

作り方
1 生鮭の場合は塩、こしょうで下味をつけておく。
2 フライパンにバターを入れてざく切りにしたキャベツと食べやすく分けたしめじを炒める。
3 2の上に鮭を並べ、ふたをして蒸し焼きにする。
4 器に出して、Aを混ぜ合わせた味噌だれ（砂糖は好みで加える）をかける。

STEP 4 青背魚で

あじのカリカリパン粉焼き

油は、魚の厚みの半分ほどあれば、ひっくり返して両面こんがりと焼き揚げにすることができます。パン粉のカリカリ感で、あじの小骨が気にならなくなるはず。そぎ切りにしたさばや、手開きにしたいわしでもつくれます。

材料［4人分］
- あじ……8尾
- A ｜ 水……1カップ
  ｜ 塩……小さじ1
- 小麦粉、パン粉……各適宜
- 卵……1個
- サラダ油……適宜
- キャベツ、レモン……各適宜

作り方
1 あじは開いて3枚におろし、Aの塩水に5分ほどつける。
※塩をまんべんなく回すことができ、生臭さもきれいに抜ける。
2 キッチンペーパーで水気を取り、小麦粉、溶き卵、パン粉の順につける。
3 フライパンに1cm程度のサラダ油を入れて、焼き揚げにする。
4 せん切りにしたキャベツを添え、好みでレモンをしぼる。

point*
小麦粉にカレー粉、パン粉にパルメザンチーズを加えてもおいしい。

Part 2

いわしのつくね焼き

じゃがいものすりおろしを加えることで、包丁で細かく刻んだだけのいわしのすり身でも、ソフトな口あたりになります。じゃがいものほかに、山いもやれんこんなどでも代用できます。

材料[4人分]
いわし……中4尾
じゃがいも……1個
A しょうゆ……小さじ1
　　片栗粉……大さじ2
　　おろししょうが……1かけ分
　　長ねぎ(みじん切り)……1/2本分
サラダ油……大さじ1

作り方
1 いわしは手開きにして包丁で細かく刻み、すりおろしたじゃがいもと混ぜ合わせたら、Aを加えてよく混ぜる。
2 フライパンにサラダ油を熱し、1をスプーンで落としながら弱火でゆっくりと焼いて、中まで火を通す。

point*
焼きのりや青じそをのせて焼いてもおいしい。

お弁当にぴったり 肉のおかず

鶏のから揚げとアレンジ2種

夕飯のおかずに作ったから揚げを、ひと手間かけて違う味にアレンジして、お弁当のおかずに。ピーマンや玉ねぎを炒めて、酢豚風に仕上げれば、ボリュームのあるおかずのできあがり。

鶏のから揚げ

材料[4人分]
鶏もも肉……1枚
しょうゆ……大さじ1
しょうが汁……1かけ分
片栗粉……大さじ2～3
サラダ油……適宜

作り方
1 鶏もも肉は、食べやすい大きさにそぎ切りにし、しょうゆとしょうが汁をよくもみ込んだら、片栗粉を入れて全体にまぶす。
2 全体がカリッとなるまで油で揚げる。

●レモン風味のから揚げ

から揚げ……2～3個
A ┌ しょうゆ……大さじ2
　├ はちみつ……大さじ2
　└ レモン汁……1/2個分

Aを合わせ、から揚げにからめる。

●酢豚風味のから揚げ

から揚げ……2～3個
ピーマン、玉ねぎ……各適宜
A ┌ ケチャップ……大さじ1
　├ 酢……大さじ1
　├ はちみつ(または砂糖)……大さじ1
　└ 塩……少々
サラダ油……適宜

フライパンにサラダ油を熱して、ピーマンと玉ねぎを炒め、から揚げを加えて、全体にAをからめる。

レモン風味のから揚げ

酢豚風味のから揚げ

ハンバーグとアレンジ2種

ハンバーグは、焼かずにたねの状態で保存しておけば、まったく違った味にアレンジできます。ハンバーグだねが水っぽいときは、砕いたおふを混ぜるといいですよ。

ハンバーグ

材料[4人分]
合いびき肉……300g
長ねぎ……1本　ふ……40g
牛乳……50cc　卵……2個
塩、こしょう、しょうゆ……各適宜
サラダ油……適宜

作り方
1 ふは手で砕き、牛乳を加えてしっとりさせる。
2 1に卵を加えてよく混ぜる。
3 2に長ねぎのみじん切り、ひき肉、調味料を入れて、よく混ぜる。
4 翌日のお弁当の分を取り分けたら、残りを食べやすい大きさに丸めて焼く。

● しいたけ詰め

前日の残りのハンバーグだね
　　　　　　　　……1/2人分くらい
生しいたけ……2〜3個
ケチャップ……適宜
溶けるチーズ……適宜

生しいたけのかさの中にハンバーグだねを詰め、ケチャップと溶けるチーズをのせて、オーブントースターで7〜8分焼く。

● 油揚げ巻き

前日の残りのハンバーグだね
　　　　　　　　……1/2人分くらい
油揚げ……1枚

開いた油揚げにハンバーグだねを広げ、端からくるくる巻いてフライパンで焼く。

しいたけ詰め

油揚げ巻き

鮭のオーブントースター焼き2種

鮭をちょっと薄めに斜めにそぎ切りするのがポイントです。見かけは大きく見えますが、身を薄くしているので早く火が通ります。溶けるチーズではなくスライスチーズのほうが、焼いたときにきれいです。

鮭のマヨネーズ焼き

材料［1〜2人分］
甘塩鮭切り身……1/2切れ
マヨネーズ……大さじ1
スライスチーズ……1枚

作り方
1 鮭は食べやすい大きさにそぎ切りにしておく。
2 鮭の上にマヨネーズを塗り、スライスチーズを手でちぎりながらのせる。
3 オーブントースターで、7〜8分焼く。

鮭のマヨネーズ焼き

鮭の味噌焼き

材料［1人分］
甘塩鮭切り身……1/2切れ
A ┌ 味噌……大さじ1
　│ みりん……大さじ1
　└ 白ごま……小さじ1

作り方
1 鮭は食べやすい大きさにそぎ切りにしておく。
2 Aを混ぜ合わせて、鮭の上に塗る。
3 オーブントースターで、7〜8分焼く。

鮭の味噌焼き

お刺身まぐろのお弁当2種

晩ごはんのお刺身を2〜3切れ取り分けておくと、お弁当に重宝します。骨がないので、とっても食べやすく、切る手間もいりません。しょうゆとみりんに漬け込んでおいて焼いてもいいですね。食べやすい大きさもお弁当にぴったりです。

まぐろのいそべ焼き

材料[1人分]
まぐろ赤身……2〜3切れ
小麦粉……適宜
のり……適宜
サラダ油……少々
A┌しょうゆ……小さじ1
　└みりん……小さじ1

作り方
1 小麦粉をまぶしたまぐろにのりを巻き、サラダ油でこんがりと焼く。
2 Aのたれをからめる。

まぐろのいそべ焼き

まぐろのマヨネーズ焼き

材料[1人分]
まぐろ赤身……2〜3切れ
マヨネーズ……大さじ1
パン粉……大さじ2

作り方
1 まぐろにマヨネーズをからめ、全体にパン粉をまぶす。
2 オーブントースターで7〜8分焼く。

まぐろのマヨネーズ焼き

お弁当にぴったり 卵のおかず

卵焼きお手軽2種

いきなり卵焼き

卵を割るボールさえいらないという、究極のお手軽卵焼き。中に入れる具材は長ねぎ以外にも、青のりや焼きのり、漬け物などでもおいしいですよ。

材料[1人分]
卵……1個　　サラダ油……適宜
塩……少々　　長ねぎ……適宜
溶けるチーズ……適宜

作り方
1 フライパンに油を熱し、そこへいきなり卵を割り入れてぐちゃぐちゃにつぶし、塩をふる。
2 小口切りにした長ねぎと、溶けるチーズを入れ、二つ折りにして、両面をこんがり焼く。

いきなり卵焼き

いきなりだし巻き卵

しょうゆをまぶしたかつお節を芯にして巻きます。口に入れた瞬間、かつおのうま味が広がるだし巻き卵になるというわけ。入れすぎるとしょっぱくなるので、それだけ注意。

材料[1人分]
卵……1個　　水……大さじ1〜2
塩……少々　　サラダ油……適宜
A［かつお節……適宜
　　しょうゆ……少々

作り方
1 卵を割りほぐし、水と塩を混ぜる。
2 Aを混ぜ合わせておく。
3 卵焼き器に油をひいて、**1**を流し入れ、**2**を芯にして巻きながら焼く。
4 食べやすい大きさに切る。

いきなりだし巻き卵

卵料理お手軽2種

Part 2

目玉焼き甘辛だれ

目玉焼きも両面焼きにして甘辛だれをからめたら、立派なお弁当のおかず。たれにしょうがや豆板醤を加えたら、これはもう大人用！ 甘辛味のかわりにお好み焼き用のソースとかつお節でもいけますよ。

材料[1人分]
卵……1個　ごま油……適宜
A [しょうゆ……大さじ1
　 みりん……大さじ1

作り方
1 フライパンに油をひいて、卵を割り入れ、目玉焼きを作る。
2 ひっくり返して両面焼きの目玉焼きになったら、Aを入れて、一気にからめてできあがり。

目玉焼き甘辛だれ

しょうゆ卵

しょうゆ卵というと、たっぷりのしょうゆとみりんのたれの中に漬け込むのがふつうですが、ビニール袋を使えば、ほんの少しの調味料で簡単にできます。前の日の夜、晩ごはんの片手間にでも作れますよ。

材料[1人分]
卵……1個
しょうゆ……大さじ1～2
みりん……大さじ1～2

作り方
1 卵はゆでて殻をむく
2 ビニール袋に卵と調味料を入れて、中の空気を抜きながら口をしばり、一晩冷蔵庫に入れておく。

Point*
袋の中の空気を抜いて口をしばることで、少しの調味料でも漬けられます。

しょうゆ卵

奥薗流 子どものごはん

失敗してきてわかった子どもの気持ち

1 好き嫌いについて

子どもの好き嫌いほど当てにならないものはありません。自分の味覚の変遷を思い出しても、子どものときに嫌いだったものが大人になって大好物になったなどというのはよくある話です。大切なことは食べ物に興味をもつことだと思うので、まずはまわりの大人がおいしいおいしいと食べている姿を見せること。そうすれば、子どもは確実に、目で見てそのおいしさを感じているはずです。

2 食べないからといって

子どもたちは、自分のおなかに合わせて食べているはずなので、心配することはまったくありません。むしろ、食べろ食べろと、食べることを強制することで、食べることに対して、いやな気持ちを抱いてしまうことのほうが心配です。

どうやったら食べてくれるだろうかと悩むよりも、楽しく食べられる雰囲気を作ってあげることのほうが大切かもしれません。

3 ハンバーガー、やっぱり食べたいよね

ファーストフードのハンバーガーも、たまにはいいではないですか。子どもたちに伝えたいのは、食べることって楽しいね、食べ物っておいしいねという思いです。

ですから、お母さんも一緒になって、楽しく食べることが大切です。そして、今日も自分も楽できてよかったと思って、また明日から気分もリフレッシュして食事作りができれば、それですべてOKだと思うのです。

children's
cooking
recipes

PART 3

野菜嫌いをなくす
アイデアいっぱい簡単料理

野菜嫌い攻略法 **1**

緑の野菜（葉物）は あったかく食べる

緑の野菜はおひたしにすることも多いでしょう。でも、青菜の繊維は冷たい状態ではかたいので、温かい料理にしてあげたほうがやわらかく食べやすいのです。いちばん簡単なのは、やはりお味噌汁に入れることですが、グラタンや、あんかけなどのとろみのある料理も、食べやすいと思います。

小松菜と油揚げの煮びたし

定番のおかずですが、おいしく作るコツは、時間差で食材を入れること。先に油揚げを煮てしっかり味をつけ、小松菜を入れてからはさっと煮て味をからませるだけでOKです。

材料[4人分]
小松菜……1把
油揚げ……1枚
A［水……1カップ
　 しょうゆ……大さじ2
　 みりん……大さじ2
かつお節……10g

作り方
1 Aと短冊に切った油揚げを鍋に入れて火にかけ、沸騰したら、ざく切りにした小松菜の、茎のほうを入れて、5分ほど煮る。
2 小松菜の葉のほうも加えてふたをし、さらに5分ほど煮る。
3 葉がくたっとなったら、かつお節を入れてひと混ぜし、ふたをしてそのまま5分ほどおく。

ほうれん草のチーズ焼き

おいしく作るポイントは、手早い調理。炒めてからチーズを入れるまでは手際よくやらないと、ほうれん草の色が悪くなるし、くたくたになってしまいます。好みでベーコンやハム、とうもろこしを入れてもおいしいです。

材料[4人分]
ほうれん草……1把　溶けるチーズ……適宜
バター……大さじ1　塩……少々

作り方
1 ほうれん草は少しかためにゆでて水気を切り、食べやすい長さに切る。
2 フライパンにバターを入れて熱し、ほうれん草をさっと炒めて塩で味を調える。溶けるチーズをのせてふたをする。
3 チーズが溶ければできあがり。

Point*
塩はチーズの塩分を考えて控えめに。

チンゲン菜のクリーム煮

チンゲン菜は、そのまま炒めたり煮たりできるし、スープにも入れられます。片栗粉を牛乳で溶いて一気に流し込めば、手軽にクリーム煮ができて、チンゲン菜も色よくおいしく仕上げることができますよ。

材料[4人分]
チンゲン菜……2株　　A[牛乳……1/2カップ
ベーコン……2枚　　　 [片栗粉……小さじ1
サラダ油……大さじ1/2　塩……少々

作り方
1 チンゲン菜は3cmくらいの長さのざく切りにし、水で洗う。
2 フライパンにサラダ油を入れて、細切りにしたベーコンを炒め、焦げ色がついたら、チンゲン菜の芯のほうを入れて炒める。
3 次に葉のほうも加えてしなっとしたら、塩で味を調える。
4 Aを混ぜ合わせたものを一度に入れ、強火で一気に加熱する。とろみがついたらもう一度塩で味を調える。

Point*
チンゲン菜などの葉物野菜は、切ってから洗ったほうが、中に入り込んだゴミも断然取れやすいのです。

野菜嫌い攻略法 2

においの強い、かたい野菜をおいしく食べる

においが強くてかたい野菜は、なにかと敬遠されがちですが、切り方をちょっと工夫するだけでずいぶん違ってきます。みじん切りにするよりは薄く大きく切るほうが、はしでつまみやすいし、かみ切りやすいのでおすすめです。かむのが苦手な子には、やわらかめにゆでてあげるといいでしょう。

れんこんのマヨネーズ和え

れんこんはゆですぎず、さくっとした歯ごたえが残っているくらいでいいと思います。れんこんのさくさくした食感は、決して子どもたちのいやがる食感ではないと思いますよ。

材料[4人分]
れんこん……1節
酢、塩……各少々
A [マヨネーズ……大さじ2
　　しょうゆ……小さじ1
　　すりごま……大さじ1]

作り方
1 れんこんは薄い半月切りにして、少し水にさらしてから、さっとゆでる。
2 ざるにあげて、アツアツのうちに塩と酢をまぶしておく。
3 食べる直前にAで和える。

point*
れんこんはさっとゆでて、歯ごたえを残すのがポイント。

ピーマンのおひたし

ピーマンは炒めるよりもゆでるほうが、やわらかくなるし、独特のピーマンくささもとんで、食べやすくなります。ピーマンは横に細く切るのがポイント。嫌いな子には、やわらかめにゆでてあげるといいですね。

材料[4人分]
ピーマン……4個
しょうゆ、かつお節……各適宜

作り方
1 ピーマンは縦半分に切って種を取り、横に細く切る。
2 1のピーマンをさっとゆでて器に盛り、かつお節としょうゆをかける。

ごぼうのきんぴら

ごぼうはささがきや細切りにするよりも、斜めに薄く切ったほうがぐんと食べやすくなります。ふたをしてゆっくり蒸し焼きすることでさらにやわらかくなりますね。甘味は好みで加減しましょう。

材料[4人分]
ごぼう……1本　　ごま油……大さじ1
しょうゆ……大さじ1　　はちみつ……大さじ1
白ごま……大さじ2

作り方
1 ごぼうは斜めに薄く切り、さっと水に取って洗い、ごま油で炒める。
2 ふたをして火を弱め、2～3分蒸し焼きにする。
3 しょうゆとはちみつをからめ、最後にごまをふりかける。

野菜嫌い攻略法 3

にんじん嫌いを
ふっとばせ

にんじん特有のにおいやエグミは、ゆでるときにぐらぐら煮立てると強くなりますから、くれぐれも煮立てないことがポイント。どうしてもいやな子には、皮もむいてあげるといいですね。ツナやのり、マヨネーズといった、大好きな味と組み合わせるのもひとつの手です。

にんじんサラダ

にんじんはさっとゆでてからドレッシングに漬け込むことで、口あたりがとってもやわらかくなるし、甘味も出て食べやすくなります。はちみつ入りのちょっと甘めのドレッシングがよく合います。

材料［4人分］
にんじん……大1本
A ┌ 酢……大さじ1
　├ はちみつ……小さじ1
　├ 塩……小さじ1/2
　├ オリーブオイル……大さじ1
　└ レーズン……大さじ1

作り方
1 にんじんは細いせん切りにして、歯ごたえが残る程度にさっとゆでる。
2 にんじんが熱いうちに、合わせたAに漬け込む。

にんじんの手巻きサラダ

子どもはのりで巻いて食べるのが大好き。ならば嫌いなにんじんも、巻き巻き作戦でおいしく食べてしまいましょう。にんじんをゆでるときに余熱で中まで火を通すと、にんじんが甘く仕上がります。

材料 [4人分]
にんじん……1本
焼きのり……適宜
A [マヨネーズ……大さじ2
　　ツナ缶……小1缶
B [マヨネーズ……大さじ2
　　たらこ……1/2腹

作り方
1 厚手の鍋に、水と拍子木切りにしたにんじんを入れて火にかける。沸騰したら弱火にし、1〜2分煮て火を止める。
2 ふたをしたままなるべく温度が下がらないようにして、余熱で中まで火を通す。
3 やわらかくゆで上がったにんじんをのりで巻き、AまたはB（たらこは皮を除いて身だけをほぐす）のディップソースをつけて食べる。

Point*
のりで巻くと、にんじんのくさみは感じられなくなります。

にんじんのかき揚げ

さくさくしたかき揚げを作るコツは、せん切りにしたにんじんに、まず小麦粉をまぶしておき、衣はあとから少しずつからめることです。油に落とし入れたら、なるべく薄く広げるように揚げてくださいね。

材料[4人分]
にんじん……1本
小麦粉……大さじ1～2
A ┌ 小麦粉……1/2カップ
　├ ベーキングパウダー……小さじ1
　└ 水……150cc
サラダ油……適宜

作り方
1 にんじんはせん切りにして、小麦粉をまぶしておく。
2 Aを混ぜ合わせててんぷらの衣を作り、1のにんじんに少しずつからめながら、油の中にスプーンで落としていく。
3 からりと揚がればできあがり。

子どもの好き嫌いを決めつけないで！

野菜嫌いな子は、もちろん野菜そのものが嫌いな場合もありますが、料理の味つけが嫌いだという場合も多々あります。ですから、ひとつの料理を食べなかったからといって、その野菜が嫌いなのだと決めつけないほうがいいと思います。いろんな切り方や、味つけ、ほかの材料との組み合わせなど、いろいろ試してみてください。

にんじんと大根のおかかしょうゆ煮

つい、めんどうくさいと思ってしまう和風の煮物も、野菜を薄く切って煮れば、お手軽スピード料理に大変身。最後に入れるかつお節は手で細かく粉にしてから入れてください。お子さんのにんじん嫌いの度合いによって、かたさを加減。嫌いな子ほどやわらかく！

材料 [4人分]
にんじん……1本
大根……10cm
ごま油……大さじ1
水……大さじ1
しょうゆ……大さじ1
かつお節……適宜

作り方
1 フライパンにごま油を入れ、薄い短冊切りにしたにんじんと大根を炒める。
2 分量の水を加えてふたをして、野菜が好みのかたさになるまで蒸し煮にする。
3 火が通ったら、しょうゆを回し入れ、かつお節を手で細かく粉にして、たっぷり混ぜる。

ワンパターン脱出・いつもの野菜

いもやキャベツ、なすなどは、子どもたちも比較的食べてくれる野菜ですが、変わりばえのしない料理になりがちです。こういう野菜ほど、レパートリーを増やして、活用していきたいですね。

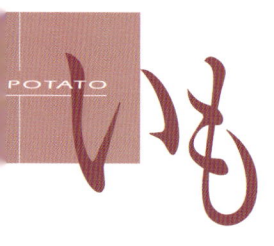

POTATO いも

サラダかお味噌汁くらいにしか、なかなか使いこなせないいも類。あまり甘くない煮物にすると、ちょっと新鮮でおいしいものです。少ない水分で蒸し煮にするとホクホクおいしく仕上がります。

じゃがいもとトマトの重ね煮

野菜をだんだんに重ねてから煮るだけなので、ほったらかしたままで、できあがり。お手軽洋風煮物です。食べ残したものはチーズをかけて焼いたり、オムレツの具にしてもおいしいですよ。

材料[4人分]
じゃがいも……2個
トマト……2個
玉ねぎ……1個
ベーコン……2枚
塩、こしょう……各適宜
パセリのみじん切り……少々

作り方
1 じゃがいもは1cm厚さの半月切り、玉ねぎは薄切り、トマトはざく切りにする。ベーコンは細切りにする。
2 鍋に、下からトマト、玉ねぎ、ベーコン、じゃがいもの順に何度か重ねて入れる。
3 ふたをして弱火にかけ、じゃがいもがやわらかくなるまで蒸し煮にする。
4 軽くかき混ぜて、塩、こしょうで味を調える。あれば、パセリを散らす。

さつまいものそぼろ煮

ひき肉に調味料と水を混ぜてから火にかけると、ふっくらした口あたりのやわらかいそぼろができます。必ず沸騰してからさつまいもを入れてくださいね。皮ごと煮たほうが煮崩れしにくくていいですよ。

材料[4人分]
さつまいも……大1本
鶏ひき肉……200g
A┌しょうゆ……大さじ2
　│みりん……大さじ2
　└しょうが汁……1かけ分
水……1カップ
昆布(1cm×10cm)……1枚
水溶き片栗粉……適宜

作り方
1 鍋に入れたひき肉に、Aを加えてよくもみ込んだあと、水と昆布の細切りを入れ火にかける。
2 ときどきかき混ぜながら煮て、ふつふつしてきたら、食べやすく切ったさつまいもを入れる。ふたをして10分くらい弱火で煮る。
3 さつまいもがやわらかくなったら、水溶き片栗粉でとろみをつける。

Point*
さつまいもは、冬場のほうが甘味が出ます。

キャベツ

キャベツはせん切りにして、一度塩もみしておくと、保存もラクだし、炒めたりスープに入れたり、いろいろ便利に使いこなせます。また、早く火が通るのもうれしい点ですね。

キャベツのホットドッグ

ついつい買ってきてすませがちなホットドッグも、家で作ると子どもたちは大喜び。バターロールで作ると食べやすいみたいですよ。ケチャップはソーセージの下に塗っておくと、口の周りにべたべたつくのを防げます。
（写真はソーセージの上に塗っています）

材料［4人分］
- キャベツ……1/4個
- ソーセージ……8本
- バターロール……8個
- サラダ油……適宜
- 塩……適宜
- マヨネーズ、ケチャップ……各適宜
- からし……適宜

作り方
1 フライパンにサラダ油を熱してキャベツのせん切りを炒め、塩で味を調える。
2 バターロールは、縦に切り目を入れて中にマヨネーズを塗り、キャベツ、ケチャップ、ソーセージの順にはさむ。
3 オーブントースターでこんがりと焼き、最後に好みでからしをかける。

Part 3

お好みキャベツ

味も見かけもお好み焼き。でも小麦粉が入ってないので、これはれっきとした野菜料理。キャベツがたっぷり食べられるので、朝ごはんにもおすすめの一品です。

材料[4人分]
キャベツ……1/2個
長ねぎ……1本
卵……3～4個
バター……大さじ1
塩、こしょう……各適宜
お好み焼き用のソース、
　　マヨネーズ……各適宜

作り方
1 フライパンにバターを入れ、キャベツのせん切りと小口切りにした長ねぎを炒め、塩、こしょうで味を調える。
2 溶き卵を回し入れて、ふたをして蒸し焼きにする。
3 器に盛って、お好み焼き用のソースやマヨネーズなど、好みのソースをかける。

◯oint*
ソースのかわりにケチャップを使えば、朝食のメニューにも。おやつにはもちろん、小麦粉が入っていないので、ごはんのおかずにもgood!

なす EGGPLANT

なすはしっかり火を通すと、とろりとしておいしいものです。特にマーボーなすは、味噌味にしたり、ちょっとカレー粉を入れたりと、応用範囲の広いメニューです。

なすとじゃこの炒め煮

なすを入れてさっと焼いたあと、ふたをして蒸し焼きにすると、とろりと皮までやわらかい焼きなすができます。最後にちりめんじゃこを加えることで、栄養価も味もぐんとよくなりますよ。

材料[4人分]
なす……4本
ちりめんじゃこ……大さじ2～3
ごま油……大さじ1
A ┌ しょうゆ……大さじ1
　├ みりん……大さじ1
　└ 水……大さじ1

作り方
1 なすは縦半分に切ってから斜め薄切りにし、5分ほど塩水（分量外）につけてアクを抜く。
2 フライパンにごま油を入れてなすをさっと炒めたら、Aを入れてふたをし、蒸し煮にする。
3 なすがくたっとなったらちりめんじゃこを入れ、ひと混ぜしたら火を止める。

マーボーなす

なすを塩水につけてアク抜きすると、油をすいすぎず、あっさりヘルシーに仕上げることができます。オイスターソースのかわりに、味噌やはちみつで甘味噌風の味つけにしてもおいしいですよ。

材料[4人分]
- なす……4本
- 豚ひき肉……200g
- ごま油……大さじ1
- にんにく……1かけ
- しょうが……1かけ
- 長ねぎ……1本
- 水……2カップ
- 干ししいたけ……2枚
- しょうゆ……大さじ2
- オイスターソース……大さじ2
- 水溶き片栗粉……適宜
- 青ねぎ……適宜

作り方
1. なすは縦半分に切ってから1cmくらいの斜め切りにし、塩水（分量外）に5分ほどつけてアクを抜く。
2. フライパンにごま油を入れて、みじん切りにしたにんにく、しょうが、長ねぎを炒め、香りがしてきたら、ひき肉を加えて炒める。
3. ひき肉の色が変わったらなすを加えて炒め、油が回ったら、水と、手で砕いた干ししいたけ（かさの部分のみ）を入れる。
4. 沸騰するまでは強火、沸騰したら弱火にして、なすがくったとなるまで煮る。
5. 調味料を入れて味を調え、水溶き片栗粉でとろみをつける。
6. 最後に青ねぎの小口切りを散らす。

Point*
野菜料理のポイントは、少ない水分でふたを使って蒸し煮にすること。野菜の味が生きてきます。

トマト

TOMATO

トマトのスープは、くたっとなるまで煮るよりも、むしろトマトの形が残っているくらいのほうがおいしい気がします。サラダもドレッシングの味をちょっと変えるだけで新鮮になりますよ。

トマトとえのきのすまし汁

トマトを和風味のすまし汁にしました。溶き卵を回し入れれば、彩りもきれいですよ。仕上げにごま油をたらして中華風にするのもおすすめです。

材料[4人分]
- トマト……1個
- えのき……1パック
- A
  - 水……4カップ
  - 干ししいたけ……4枚
  - 昆布(1cm×10cm)……1枚
- しょうゆ、塩、こしょう……各適宜
- かつお節……10g
- 青ねぎ……適宜

作り方
1 干ししいたけ(かさの部分のみ)は手で砕き、昆布は細切りにして、Aを鍋に入れ、火にかける。
2 沸騰したら弱火にして1~2分煮て、ざく切りにしたトマトと、食べやすく切ったえのきを入れる。
3 調味料で味を調え、袋ごともんで粉状にしたかつお節を入れて火を止める。
4 仕上げに青ねぎの小口切りを散らす。

Point*
かつお節は、エグミやいやなにおいが出るので、入れたらすぐに火を消してください。削り節を買う場合は、かつお100%の大袋入りがおすすめ。小袋のパックになっているものは、だしには向きません。

トマトとわかめの中華風サラダ

トマトはひと口大にざく切りにすれば、皮つきのままでも食べやすくなります。合わせ酢の中で直接カットわかめを戻せば、うま味も逃がさず、洗い物も減って一石二鳥です。

材料[4人分]

- トマト……2個
- きゅうり……1本
- カットわかめ（乾燥）……2つまみ
- ちりめんじゃこ……大さじ2〜3
- A
  - 水……大さじ4
  - しょうゆ……大さじ1
  - 酢……大さじ1
  - みりん……少々
  - ごま油……小さじ1

作り方

1 Aを混ぜ合わせた中に、カットわかめを入れてしばらくおく。

2 わかめが戻ったら、ざく切りにしたトマト、薄切りにしたきゅうり、ちりめんじゃこを入れて混ぜる。

きゅうり
CUCUMBER

きゅうりは丸かじりがいちばんおいしいものですが、すぐにできる漬け物なら、子どもたちも参加して作れますので、おいしさが倍増します。また炒め物の彩りとして、ピーマンのかわりに使うのもいいですよ。

きゅうりと牛肉の甘辛炒め

きゅうりというと、冷たく食べるものと思いがちですが、たくさん出回る時期には、炒め物に使ってみるのもいいものです。あらかじめ牛肉に下味をつけておくのがおいしく作るポイントです。

材料[4人分]
- きゅうり……4本
- 牛肉……200g
- A[しょうゆ……大さじ2
    砂糖……大さじ2]
- ごま油……大さじ1
- 白ごま……適宜

作り方
1. 牛肉はひと口大に切って、Aの下味をよくもみ込んでおく。
2. きゅうりはすりこ木やめん棒などでたたき、4～5cm長さに砕く。
3. 中華鍋にごま油を熱し、2のきゅうりをさっと炒めて取り出す。
4. あいた中華鍋にごま油を少々たし、1の牛肉を炒める。水気が出たら、強火にして水分をとばしながら炒める。
5. きゅうりを戻し入れ、さっと混ぜたら火を止める。器に盛って、ごまをふる。

たたききゅうりのバンバン漬け

包丁を使わずめん棒を使ってきゅうりを砕くので、子どもたちも喜んでお手伝いしてくれる一品。ビニール袋のまま冷蔵庫で保存しておけるのもうれしいところ。

材料[4人分]
きゅうり……2本
A ┌ しょうゆ……大さじ1
　├ 酢……大さじ1
　└ ごま油……大さじ1
白ごま……適宜

作り方
1 きゅうりをビニール袋に入れ、上からめん棒などでバンバンたたく。
2 食べやすい大きさに砕けたら、Aの調味料を入れ、食べる直前まで冷蔵庫に入れて漬け込む。
3 ごまをたっぷりふり、さっと混ぜて食べる。

ある野菜、なんでも使って
スープを作ろう！

ありあわせの野菜をたくさん入れて、コトコトやわらかく煮た野菜スープは、それ一品で大満足のおかずになりますね。たっぷり作って、最後はごはんを入れたりうどんを入れたりしてもおいしいですよ。

ありあわせ野菜のミネストローネ

野菜のうま味や甘味がたっぷりのおいしいスープです。入れる野菜はありあわせのものをなんでも。切り方と大きさをだいたいそろえて、沸騰させずに弱火で煮るのがおいしく作るポイントです。

材料[4人分]
トマト……2〜3個
玉ねぎ……1個
にんじん……1本
じゃがいも……2個
干ししいたけ……2枚
昆布（1cm×10cm）……1枚
ベーコン……2枚
オリーブオイル……大さじ1
水……3カップ
しょうゆ、塩、こしょう……各適宜

作り方
1 トマトはすりおろし、玉ねぎ、にんじん、じゃがいもは角切り、昆布は細切りにする。干ししいたけ（かさの部分のみ）は手で砕く。
2 ベーコンを四角く切ってオリーブオイルで炒め、焦げ色がついたら1と分量の水を鍋に入れる。
3 野菜がやわらかくなったら、調味料で味を調えてできあがり。

手羽元と残り野菜のポトフ

手羽元にあらかじめしっかりめに塩をふり、一度さっと下ゆでしてから煮込むと、すっきりした味のスープになります。強火で沸騰させてしまうとスープがにごってしまうので、弱火でコトコト煮るのがポイントです。

材料 [4人分]
鶏手羽元……8本
塩……適宜
A [水……8カップ
　　昆布(1cm×10cm)……1枚
　　塩、しょうゆ……各少々]
大根……1/3本
にんじん……1本
玉ねぎ……1個
B [味噌……大さじ2
　　みりん……大さじ2
　　白ごま……適宜]

作り方
1 手羽元は、少し多めに下味の塩をふり、10分ほどおく。
2 水と手羽元を鍋に入れて火にかけ、沸騰したら一度ゆでこぼす。
3 手羽元を鍋に戻し入れてAを加え、乱切りにした大根とにんじん、大きめのくし切りにした玉ねぎを入れて弱火で煮る。手羽元がやわらかくなればできあがり。
4 好みで合わせたBをポトフの上からかける。

Point*
野菜はこれ以外にも、なんでもOK。
野菜はおでん風に食べ、スープはそのまま飲んだり、おじやにしたりしてもおいしい！

ある野菜、なんでも使って炒め物を作ろう！

中途はんぱに残った野菜をいろいろ混ぜた野菜炒めなら、多少嫌いな野菜が入っていても、わからずに食べてしまうかも。野菜の切り方を統一することがおいしそうに見せるポイントです。

具だくさんのチンジャオロースー

野菜をすべて細切りにして炒め、一度取り出しておくと、彩りよく仕上がります。おいしい野菜炒めを作るには、豚肉は必ず下味をもみ込んでおき、炒めてからさらにしっかり味をつけるのがポイントです。

材料[4人分]
豚薄切り肉……200g
しょうゆ……大さじ1
長ねぎ……1本
にんじん……1本
ピーマン……2個
玉ねぎ……1/2個
しょうが……1かけ
ごま油……適宜
オイスターソース……適宜

作り方
1 豚肉はひと口大に切り、しょうゆをもみ込んで下味をつけておく。
2 フライパンにごま油を入れ、せん切りにした野菜をかたい順に入れて炒める。全体がしんなりしたら取り出す。
3 あいたフライパンにごま油を足し、豚肉を入れて炒める。色が変わったら、オイスターソースを入れてからめる。
4 野菜を戻し入れ、全体を混ぜる。

ありあわせ野菜のチャンプルー

野菜と豆腐を炒めたら、鍋の中で味をつけないで、お皿に盛りつけてからポン酢しょうゆをかけてくださいね。こうすれば野菜からも豆腐からも水が出るのを防げます。かつお節は手でもんで細かい粉にしたものを使いましょう。

材料 [4人分]
長ねぎ……1本
にんじん……1本
もやし……1袋
にら……1把
木綿豆腐……1丁
ごま油……大さじ1
かつお節……適宜
ポン酢しょうゆ……適宜

作り方
1 フライパンにごま油を入れ、せん切りにした長ねぎとにんじんを炒める。
2 にんじんがしんなりしたら、豆腐を入れて炒める。
3 もやしと、ざく切りにしたにらを加えてさらに炒めたら、最後にかつお節をたっぷり入れて炒める。
4 食べるときに、ポン酢しょうゆをかける。

赤いおかず

にんじんのごま味噌炒め

薄切りにしたにんじんは、ふたをして蒸し焼きにすれば、下ゆでなしでもやわらかく料理することができます。ちょっと甘めの味噌味も、子どもたちの大好きな味ですね。

材料［3〜4人分］
にんじん……1本
ごま油……小さじ1
酒……大さじ1
味噌……大さじ1〜2
はちみつ（または砂糖）……大さじ1〜2
すりごま……大さじ1〜2

作り方
1 フライパンにごま油を熱して、薄い短冊切りにしたにんじんを炒める。酒をふり入れて、蒸し焼きにする。
2 にんじんが好みのかたさになったところで、味噌とはちみつ（または砂糖）を入れて全体にからめ、仕上げにすりごまをまぶす。

にんじんのごま味噌炒め

にんじんのおかかきんぴら

せん切りにしたにんじんに油をまぶしてからオーブントースターに入れるのがポイントです。こうすることで、水分がとびすぎず、しっとりおいしく仕上がります。

材料［3〜4人分］
にんじん……1本
ごま油……大さじ1
しょうゆ……少々
かつお節……ひとつまみ

作り方
1 せん切りにしたにんじんは、ごま油をまぶして天板に並べ、オーブントースターで7〜8分焼く。
2 しょうゆをまぶしたかつお節をからめて、できあがり。

にんじんのおかかきんぴら

お弁当にぴったり 野菜のおかず

黄色のおかず

Part 3

じゃがいものカレーきんぴら

じゃがいもに油をまぶして焼くと、ちょっとフライドポテトみたいに、かりっと焼き上げることができます。彩りもかねてまぶしたカレー粉は、子どもたちも大好き。粉チーズをかけて焼いてもいいですよ。

材料[1～2人分]
じゃがいも……1個
塩……適宜
カレー粉……適宜
サラダ油……少々

作り方
1 じゃがいもは拍子木切りにしてサラダ油をまぶし、天板に広げてオーブントースターで7～8分焼く。
2 仕上げに、塩とカレー粉をまぶす。

point*
フライパンで炒めてもOK。

じゃがいものカレーきんぴら

かぼちゃの即席甘煮

かぼちゃも下ゆでなしで、いきなりオーブントースターで焼けます。油を少しまぶしておくと、焼き上がりがしっとりします。火が通りやすい薄切りにして、しょうゆとはちみつの甘辛味を最後に表面にからませれば、煮物風に仕上がります。

材料[1人分]
かぼちゃ……3～4切れ
サラダ油……少々
しょうゆ……少々
はちみつ……少々

作り方
1 かぼちゃは1cm厚さのいちょう切りにし、サラダ油をまぶして天板にのせ、オーブントースターで7～8分焼く。
2 焼き上がったら、しょうゆとはちみつをからめる。

かぼちゃの即席甘煮

お弁当にぴったり 野菜のおかず

緑のおかず

じゃこピーマン

さっと炒めるだけだと苦手なピーマンも、ちょっとふたをして蒸し煮にするだけで、やわらかくなって、ぐんと食べやすくなります。ちりめんじゃこは最後に入れるほうが、いやなくさみが出ずにおいしく仕上がります。

材料[2人分]
ピーマン……2個
ちりめんじゃこ……大さじ1
しょうゆ……小さじ1

作り方
1 ピーマンは、縦半分に切って種を取り、横に細切りにする。
2 鍋にピーマンと水少々を入れ、ふたをして火にかけ、ピーマンがやわらかくなるまで煮る。
3 ふたをあけ、水分が多ければふたをずらして水を捨てる。最後にちりめんじゃことしょうゆを入れて、ひと混ぜして火を止める。

じゃこピーマン

ブロッコリーのチーズのせ

ついマヨネーズをかけてしまいがちなブロッコリーですが、スライスチーズの塩分で食べるのもおいしいものです。前日にゆでておいたものを使うなら、オーブントースターで焼くといいですね。

材料[1人分]
ブロッコリー……2房
塩……適宜
スライスチーズ……適宜

作り方
1 ブロッコリーを塩ゆでする。
2 熱いうちにスライスチーズをのせる。

ブロッコリーのチーズのせ

茶色のおかず

Part 3

しめじのおかかソテー

ちょっと大人っぽい味とはいえ、こんなおかか味も、子どもたちはけっこう好き。ごはんにも合いますから、ごはんに混ぜてしまうのもよし。おにぎりの具にもぴったりですよ。

材料［2～3人分］
しめじ……1パック
ごま油……小さじ1
A［かつお節……ひとつまみ
　　しょうゆ……適宜

作り方
1 しめじは小房に分け、フライパンにごま油をひいてさっと炒める。
2 あらかじめ混ぜておいたAを、**1**にからめる。

しめじのおかかソテー

干ししいたけのスピード甘辛煮

干ししいたけを水で戻さず、煮汁に直接入れるので、うま味たっぷり。形を気にしないなら、干ししいたけを手で砕いて、いきなり煮始めれば、さらに早くできます。

材料［2人分］
干ししいたけ……4枚
水……1カップ
しょうゆ……大さじ1
みりん……大さじ1
すりごま……適宜

作り方
1 干ししいたけは、じくを取り除き、水、しょうゆ、みりんとともに鍋に入れる。
2 5分ほどおいて、干ししいたけがやわらかくなったら、食べやすい大きさに切る。そのままふたをして弱火にかけ、5分ほど煮る。
3 最後にふたをあけ、残った汁を全部からめる。仕上げにすりごまをふる。

干ししいたけのスピード甘辛煮

乾物を使って
新・おふくろの味

乾物というと、古めかしいおばあちゃんの食べ物という感じがしますが、初めて出会う子どもたちには、そういった先入観がありません。むしろ乾物はまったく新しい未知なる食べ物。ですから、どんなふうに料理しても、それが新しいスタートです。大人も頭をやわらかくして料理しましょう。

新・おふくろの味

ひじき
HIJIKI

薄味で、ひじき本来の おいしさに出会う料理を

ひじきというと、つい濃いめの甘辛味で煮てしまいがち。けれど、もっと薄味で料理し、ひじき本来の味を教えてあげたほうがいいと思うのです。そういう意味ではハンバーグなどに混ぜてしまう食べ方も、私はあまり好きではなく、「ひじきっておいしいね」と思って食べてくれるように、料理したいと思っています。

サラダなどには、ひじきの細かい葉の部分を乾燥させた芽ひじきが値段も手ごろで使いやすいと思います。

フライパンで 簡単に戻します

たっぷりの水につけてからザルにあげて戻す従来の方法だと、時間もかかるしザルの目にひじきが詰まっていやなもの。フライパンで煮ながら戻す奥薗式なら、ふたで押さえながらお湯を捨てるだけで、そのまま調理に突入できます。

水1カップに、ひじき大さじ4を入れて、沸騰させ、火を止めて5〜6分。押さえぶたをして水を捨てればOK!

ひじきの白和えサラダ

ひじきと豆腐という和風の組み合わせですが、子どもたちも好きなマヨネーズ味にしてみました。マヨネーズがなめらかさを出してくれて、たくさん食べられます。

材料[4人分]
芽ひじき……大さじ4　　水……1カップ
木綿豆腐……1/2丁
マヨネーズ……大さじ2～3
きゅうり……1本　　塩……少々
白ごま……適宜

作り方
1 左ページを参照して、ひじきを戻す。
2 ひじきを再び火にかけて水気をとばす。
3 きゅうりは輪切りにして塩もみし、水気をしぼっておく。豆腐はキッチンペーパーで水気を軽くふいてフォークでつぶし、マヨネーズを混ぜる。
4 3の豆腐マヨネーズで、ひじきときゅうりを和えたらできあがり。

ひじきのサラダ風煮物

フライパンひとつで簡単にできる乾物のおかずです。ポイントはふたをして蒸し焼きにすること。サラダ感覚でさっぱりした味を楽しめます。

材料[4人分]
芽ひじき……大さじ4　　水……1カップ
にんじん……1本　　しょうゆ……大さじ1～2
絹さや……適宜　　レモン……1個
ちりめんじゃこ……適宜

作り方
1 左ページを参照して、ひじきを戻す。
2 戻したひじきの鍋に、細切りにしたにんじんを入れて、全体をさっと炒める。
3 ふたをして蒸し焼きにし、にんじんがやわらかくなったら、しょうゆで味を調える。
4 最後に絹さやの細切りを混ぜ、絹さやに火が通ったらじゃこを混ぜて火を止める。
5 器に盛って、好みでレモン汁をかける。

新・おふくろの味

切り干し大根
KIRIBOSHI

子どもに味わわせたい自然の甘味

「切り干し大根はさっと洗って、食べやすい長さに切る」。これで下準備完了です。このやり方さえ間違わなければ、甘くておいしい切り干し大根が食べられます。この甘さを生かして料理すれば、調味料に砂糖はいりません。この自然の甘味を、子どもたちに味わわせてあげたいので、煮物にするときも、砂糖は入れず、薄味で煮るのがいいと思うのです。

いきなり調理ができる 干ししいたけや高野豆腐

乾物は、戻すのにも調理するのにも時間がかかると思われがちですが、そうでない乾物もたくさんあります。例えば干ししいたけは、ゆっくり水で戻したほうがおいしいのですが、急ぐときはいきなり手で砕いて入れてもOK。煮物や汁物の鍋の上でぽきぽき折って直接入れてしまいます。高野豆腐もさっと水でぬらしただけで下準備は完了。食べやすい大きさに切ったら、そのまま煮始めてください。甘く煮るだけでなく、お味噌汁や鍋物の豆腐がわりに使ってみるのもいいですよ。常温保存できる豆腐だと思って買いおきしておくと便利です。

切り干し大根の甘酢漬け

切り干し大根は、さっと洗っただけで食べやすい長さに切って、調味液に漬け込むのがおいしく作るポイント。砂糖を入れなくても、切り干し大根の甘味だけで充分!

材料[4人分]
切り干し大根……40g　　にんじん……小1本
水……150cc　　しょうゆ……大さじ2
酢……大さじ1　　昆布……適宜

作り方
1 切り干し大根はさっと洗い、キッチンばさみで食べやすい長さに切る。昆布とにんじんは細切りにし、全材料を合わせて和える。
2 約5分で、味がしみて食べられる状態になる。

切り干し大根の卵焼き

切り干し大根を卵焼きに入れると、優しい甘味の卵焼きになります。これもさっと洗って切って入れただけなのに、切り干し大根はしっとりやわらかく仕上がります。

材料[4人分]
切り干し大根……30g　　水……100cc
A｜卵……3個
　｜塩……3つまみ
　｜青ねぎ（小口切り）……適宜
ごま油……適宜

作り方
1 切り干し大根はさっと洗って、キッチンばさみで食べやすい長さに切り、分量の水に5分ほどつけておく。
2 1にAの材料を加えてよく混ぜる。
3 フライパンにごま油をひき、2を流し入れて、両面をこんがりと焼く。

新・おふくろの味

かんぴょう
KANPYO

かんぴょう巻き以外の
レパートリーを増やして

「かんぴょう＝かんぴょう巻き」というイメージがありますが、そればかりではありません。さっとゆでただけでも食べられるのです。とろりとやわらかく煮えたかんぴょうもおいしいですが、さっとゆでただけのしこしこした歯ごたえも、子どもは嫌いではないはずです。栄養的にも優れたかんぴょう、もっともっと活用したいものです。

お砂糖は極力使いません
　　　使うときは三温糖を

私は料理には極力砂糖は使わないようにしています。というのも砂糖の甘味は強すぎて、それだけで野菜や乾物がもっている本来の甘味を殺してしまうような気がするからです。ですから甘味のほしいときはみりんやはちみつ、あるいは同じ甘味でもコクのある三温糖を使っています。

また、切り干し大根やかんぴょうのように、それ自身が甘味をもっているものは、極力それ自身の甘味を生かしたいですね。固定観念で砂糖を入れないといけないと決めつけてしまわないで、甘味を加える前に、一度素材だけの味をみてみることを、おすすめします。

かんぴょうの即席漬け

かんぴょうは、さっとゆでて漬け物にしてもおいしいものです。歯ごたえを楽しむこの食べ方は、甘辛く煮たかんぴょうしか食べてない人には新鮮！ 下処理なしで調理できる無漂白かんぴょうを使うのがおすすめです。

材料[4人分]
無漂白かんぴょう……30g
ポン酢しょうゆ……適宜
青じそ……適宜

作り方
1 かんぴょうはさっと洗って、キッチンばさみで食べやすい長さに切り、さっとゆでてざるにあげる。
2 ポン酢しょうゆをかけて、細切りにした青じそをいっしょに混ぜればできあがり。

かんぴょうとベーコンのきんぴら風

かんぴょうとベーコンの組み合わせは一見意外な感じがしますが、きんぴら風に炒めると子どもたちの大好きな味になります。ちょっと薄めの味つけがおいしいですよ。

材料[4人分]
無漂白かんぴょう……30g
バター……大さじ1　　ベーコン……2枚
水……1カップ　　しょうゆ……大さじ1
みりん……大さじ1

作り方
1 無漂白かんぴょうはさっと洗ってキッチンばさみで食べやすい長さに切る。
2 フライパンにバターを入れて、短冊切りにしたベーコンを炒める。
3 かんぴょうも入れてさっと炒めたら、水を入れて、ふたをし、好みのかたさになるまで弱火で煮る。
4 しょうゆとみりんで味を調えたらできあがり。

新・おふくろの味

おふ
OFU

遊び心が刺激されるおふは おやつにも大活躍！

おふはそのまま食べられるって知ってました？だから、スナック菓子がわりにポリポリ食べても大丈夫。けっこう子どもは好きですよ。さらには、オーブントースターで焼けばフランスパン風にサクサクになり、卵と牛乳にひたしてフライパンで焼けば、なんともちもちのおもち風にもなります。子どもたちに人気ナンバーワンの乾物は、遊び心がいっぱいです。

ずぼらながら用意周到！
これが私流手抜きです

毎日の食卓に欠かせない昆布は、1cm×10cmくらいの大きさの短冊に切って、半透明のプラスティック容器に入れ、すぐに取り出せる位置においてあります。

乾物の収納のコツは、見える容器に、すぐに使える状態で収納すること。昆布だけでなく、そのほかの乾物も同じように、半透明のプラスティック容器やびん類に入れておけば、在庫管理もしやすく、使い忘れもありません。乾物は乾物ばかりまとめておいておくといいですね。容器を選ぶコツは、1回に買う乾物が一度に全部入る大きさの容器を選ぶこと。余らせるとまた、ややこしいことになりますから。
（p.3の写真がわが家のキッチン収納です）

おふのピザ

乾いたおふをそのまま焼いてしまったピザ。簡単だけれど、食パンで作るよりもずっと軽く、おやつにもごはんにも重宝する一品です。上にのせる具はお好みでいろいろ試してみてください。

材料[4人分]
ふ……40g　　桜えび……10g
マヨネーズ……適宜
溶けるチーズ……40g

作り方
1 ふの上にマヨネーズを塗り、溶けるチーズと桜えびをのせる。
2 チーズが溶けて、ふの端がきつね色になるまで、オーブントースターで焼く。

おふのあべかわもち

おふに牛乳と卵をしみ込ませてバターで焼けば、フレンチトースト風のお菓子になります。ところがこれにきな粉をまぶせば、あら不思議！　あべかわもちに早変わり。

材料[4人分]
ふ……30g　　牛乳……1カップ
卵……1個　　バター……大さじ2
はちみつ……大さじ1　　きな粉……適宜

作り方
1 ふに牛乳をかけ、やわらかく戻す。
2 1に卵を割り入れてからめる。
3 バター大さじ1を溶かしたフライパンで、2の両面をこんがりと焼く。
4 残りのバター大さじ1とはちみつを入れて全体にからめる。きな粉をたっぷり入れて全体にまぶせば、できあがり。

OKUZONO'S STYLE
奥薗流 子どものごはん

子どもに伝えたい、本当に"おいしいもの"私流、3つのこだわり

1

かつお節と昆布のだしのおいしさ

私は、市販のだしの素もスープの素も使いません。毎回かつお節を削り、昆布を細く切って使います。一見めんどうくさいように見えますが、結局味のベースであるうま味さえきちんとしていれば、あとはどんなに手を抜いても、とんでもないものはできないので、むしろとってもラクなのです。

自然のだしのおいしさに、子どもたちの舌は確実に反応します。市販の花がつおでもいいので、ぜひ使ってみてください。

2 おひつで呼吸した ごはんのおいしさ

　私はごはんを鍋で炊いています。そして炊き上がったごはんは軽くほぐしたあと、おひつに移しかえて、保存します。おひつは炊き上がったごはんの水分を適度にすってくれるので、パラリとおいしくなるし、ここで冷ました冷やごはんがまたおいしいのです。
　炊飯器で炊いたごはんも、おひつに移すだけで何ランクもおいしくなりますから、これは絶対におすすめですよ。

3 台所に漂う 香ばしいごまの香り

　スーパーに行けば香りのいいすりごまが売られていますが、私は毎回洗いごまを自分ですり鉢ですって、びんに入れて保存しています。
　台所中に漂うごまの香りは格別ですし、すり鉢を子どもに押さえてもらいながら、ごまをする時間が、何よりもごちそうだと思うからです。
　今、お手伝いというと、なんだかもっと難しいことになりがちですが、たったこれだけのことでも子どものころはわくわくしたように思うのです。

奥薗壽子の 子どものごはん
じょうぶに育つ簡単レシピ

children's cooking recipes

著者プロフィール

1962年、京都生まれ。
料理嫌いの母親に育てられたおかげで、小学1年生にして一家の台所をまかせられる。素材を煮たり、焼いたり、揚げたりすることでおこる「化学的な変化」に興味がつきず、常に「おいしさ」や「料理の効率」に対して研究心をもって取り組んでいる類い稀な料理研究家。
1999年、家庭の中心、台所をとりしきっている人たち「台所奉行」をネットワークでつないだ「台所奉行の会」を発足、現代の台所事情や主婦の考え方などのアンケートを行ったり、料理教室を開催、「食」に関心の高い人々を結んでいる。
ズボラでありながら、むしろ潔癖とも言えるくらい「食の本質」に迫る手作り料理に人気が高く、テレビ・雑誌・講演会・料理教室と八面六臂の活躍。家庭では一男一女の母。
主な著書に、『奥薗さんちのおだいどこ発 親子で楽しむ「素食」レシピ』(講談社)、『子育ておやつわたし流』『子育てごはんわたし流』『もっと使える乾物の本』『ふだん着の虫草あそび』(農文協)、『おくぞの流、玄米・雑穀らくちんごはん』(ブックマン社)、『ズボラ人間の料理術』『ズボラ人間の料理術・レシピ集』(サンマーク出版)など多数。

ホームページアドレス：
http://www1.odn.ne.jp/~cce89410

staff

料理・文：奥薗壽子
デザイン：濱田エツヒロ (fat's)
撮影：向村春樹 (will)
撮影アシスタント：中西さやか
企画・編集：片岡弘子、清水理絵
　　　　　　外山裕子、滝沢奈美 (will)
　　　　　　橋本明美、黒田文子
DTP：津吹雅子 (will)

初 版 発 行 2002年11月
第33刷発行 2015年 6月

著者　奥薗壽子
発行所　株式会社 金の星社
　　　　〒111-0056　東京都台東区小島1-4-3
　　　　TEL. 03 (3861) 1861
　　　　FAX. 03 (3861) 1507
　　　　振替 00100-0-64678
　　　　http://www.kinnohoshi.co.jp

印刷　広研印刷株式会社
製本　東京美術紙工
NDC596　p96　21cm　ISBN978-4-323-07032-2
乱丁落丁本は、ご面倒ですが小社販売部宛にご送付ください。
送料小社負担にてお取替えいたします。
ⓒToshiko Okuzono,WILL 2002
Published by KIN-NO-HOSHI SHA,Tokyo,Japan